Essai sur l'influence du pédophile à l'égard du silence des tiers

BIBLIOTHÈQUES DE DROIT

COLLECTION FONDÉE ET DIRIGÉE PAR JEAN-PAUL CÉRÉ

Cette collection a pour vocation d'assurer la diffusion d'ouvrages scientifiques sur des thèmes d'actualité ou sur des sujets peu explorés dans le domaine des sciences juridiques. Elle se destine notamment à la publication de travaux de jeunes chercheurs.

Dernières parutions :

C. MENABÉ, La criminalité féminine

M. TESSIER, Les procédures de la criminalité organisée devant la cour de cassation

N. NOTTO-JAFFEUX, Le conflit d'intérêt chez les avocats

A. GERMON, Le rôle d'initiative des administrations dans l'action publique

O. LECUCQ (dir.), Etat, collectivités territoriales et droits sociaux

A. AMALFITANO, La responsabilité pénale des personnes morales en Europe

N. LORY, La saisie pénale des biens incorporels

M. PERRIN, Le statut pénal de l'animal

A. TATARINOFF, Génocide et crimes de masse (1933-1946)

P. ROUSSEAU, Autonomie personnelle et droit pénal

A. AZARETE, E. GUERRERO et Th. MORETTO (dir.), Fête et droit public

A. BEn GADI, La libération conditionnelle comme outil de gestion du risque

BIBLIOTHÈQUE DE *DROIT PÉNAL*

Mael GERMAIN

Essai sur l'influence du pédophile à l'égard du silence des tiers

L'Harmattan

5-7, rue de l'Ecole-Polytechnique, 75005 Paris

www.editions-harmattan.fr

ISBN : 978-2-343-14183-1
EAN : 9782343141831

J'adresse mes remerciements aux personnes qui m'ont aidé dans la réalisation de ce mémoire.

En premier lieu, je remercie Madame de Béchillon, Maître de conférences à l'université de Pau et des pays de l'Adour qui m'a guidé et encouragé dans ce travail.

Je remercie également Aurélie pour son soutien constant.

Je remercie particulièrement « Sophie » de s'être livrée à l'exercice de l'interview.

Je remercie enfin Fabienne et Yann Germain pour la relecture et la correction de mon mémoire.

Principales abréviations

A. D. N .... Acide désoxyribonucléique
A/V/T.. Auteur/Victime/Tiers
CC...Code civil
CEDH.....................................Cour Européenne des Droits de l'Homme
CESDH Convention Européenne de Sauvegarde des Droits de l'Homme et des libertés fondamentales
CIM ....Classement International des Maladies
CP.. Code Pénal
CPP ....Code de procédure pénale
DSM .... Manuel Diagnostique et Statistique des troubles mentaux
Etc ....Et cetera
F.H.A.R.............................Front Homosexuel d'Action Révolutionnaire
Ibid ....Ibidem, même citation
MOQ..Modus Operandi Questionnaire
n° .... Numéro
ONDRP Observatoire National de la Délinquance et des Réponses Pénales
Op cit .... Opus citatum, œuvre cité
p .... Page
QIPAAS Questionnaire d'Investigation pour les Auteurs d'Agression sexuelles
QPC .... Question Prioritaire de Constitutionalité
SNATED Service National d'Accueil téléphonique pour l'Enfance en Danger

Préface

La question du silence du tiers à l'occasion d'actes de pédophilie demeure cruciale en France. Aucune réforme n'a réussi, à ce jour, à imprimer un mouvement vertueux qui libère sa parole. Trop souvent encore, celui ou ceux qui savent se taisent laissant la victime dans une solitude qui peut être dévastatrice. Une des explications avancées pour comprendre les raisons de ce mutisme tient à l'influence que le pédophile pourrait exercer sur le tiers. Mais est-il possible - voire simplement raisonnable – d'étudier cette influence ? L'enquête suppose-t-elle que l'on capte deux subjectivités, celle de l'auteur pédophile et celle du tiers, et que l'on mesure les interférences qui se jouent de l'une à l'autre ? On peut douter de la faisabilité de la démarche. Pourtant Mael Germain a relevé le défi et mené à bout un travail de grande qualité. Il a surtout osé prendre des chemins peu classiques dans les facultés de droit pour construire sa méthodologie. Il l'a fait avec une rigueur et une qualité de réflexion que l'on trouve rarement chez de jeunes chercheurs. Et puis, ce n'est pas la moindre de ses qualités, l'auteur a émis des propositions pour sortir de l'impasse et améliorer l'ensemble du dispositif juridique en vigueur.

Le travail de Mael Germain est avant tout remarquable par sa méthodologie - même s'il n'est pas exempt de toute critique. A preuve, l'introduction est solide qui pose les bases de la réflexion. Les concepts sont définis et l'historique intelligemment narré sans bavardage excessif. L'auteur sait aller à l'essentiel. Mais ce sont surtout les sources retenues qui méritent l'attention. Son parti pris est simple : il entend avoir une approche « globale » de la question. A l'image de la criminologie, qu'il présente comme une « science pluridisciplinaire » il convoque des sources multiples. Son travail le mène à interroger la littérature puisée dans des champs disciplinaires qui ne sont pas juridiques : La sociologie, la psychologie, la psychiatrie par exemple. A ceux-ci s'ajoutent les expériences professionnelles de ceux qui côtoient les pédophiles, leurs victimes et les tiers. Mael Germain a cherché ces récits d'expériences du côté des magistrats ou des travailleurs sociaux pour ne citer qu'eux. Ensuite, l'auteur a étudié la jurisprudence, dans des limites qu'il s'attache à définir, puis la loi et enfin il a réalisé une interview. Mael Germain a justifié ce patchwork de sources et montré les limites de son étude. Conscient qu'il rassemble des sources de nature et de valeur très –trop- différentes, il précise qu'il entend voir en quoi elles peuvent être « complémentaires ». Et surtout il reconnaît, dans la foulée, l'impossibilité de réaliser une étude exhaustive. Les critiques qu'il formule sur son corpus désarment quelque peu celles que l'on peut adresser à son étude.

Mael Germain a décrit le *modus operandi* du pédophile, son influence sur sa victime et le tiers. Il a démonté avec clarté le dispositif juridique applicable à l'obligation de dénoncer les actes de pédophilie, exposé les sanctions en cas de non-dénonciation. Mais l'auteur a également cherché à identifier des solutions, et proposé des modifications de notre dispositif juridique sous la forme de préconisations face au silence qui entoure certains actes de pédophilie. Il faudrait, selon lui, « adapter le droit aux causes de la non-dénonciation » et améliorer l'information préventive face aux actes de pédophilie. Poussant plus loin encore sa réflexion, il entrevoit la nécessité de revisiter une partie du dispositif pénal concernant les victimes. A ce titre il a réfléchi à la notion de contrainte, la question du consentement de l'enfant et la possibilité de prendre en compte la séduction.

Le mémoire ainsi produit suscite quelques critiques. Mais c'est inévitable, et en l'espèce ce ne sont pas des motifs de critiques que l'on retiendra de ce travail. Un premier mémoire doit être un moment où le jeune chercheur réfléchit, s'approprie un sujet d'étude, le problématise, mène des recherches précises et sérieuses, tente des pistes de réflexion, se montre à même de construire un corpus. L'essentiel est qu'il soit capable de conduire une réflexion cohérente et solidement argumentée. L'important c'est, aussi, qu'il fasse preuve d'autocritique, qu'il reconnaisse les qualités et les limites de son propre travail. Tout cela Mael l'a fait et bien fait. Ce mémoire démontre ses réelles qualités de chercheur, son talent même. Il est temps, pour lui, de préparer une thèse…

Marielle de Béchillon
Maitre de conférences, Uppa
Co directrice du Master Police et Sécurité intérieure

Introduction

Si la pédophilie est de l'ordre de l'impensable pour ceux qui l'observent, elle est plutôt de l'ordre de l'indicible pour ceux qui la vivent. Ces deux ordres de pensée ne sont pas sans lien.

En 2016 en France, selon l'Observatoire national de la Délinquance et des Réponses pénales (ONDRP), ont été constatés, par la gendarmerie et la Police nationale confondues : 19 119 viols, harcèlements sexuels et autres agressions sexuelles sur mineurs[1]. Dans certains cas la progression statistique est spectaculaire (+122,7% de harcèlements sexuels et autres agressions sexuelles contre des mineur(e)s en zone gendarmerie entre 2011 et 2015) cela vient, dit l'ONDRP, d'une rupture statistique liée aux méthodes de comptabilisation des faits constatés. L'amélioration des systèmes de comptabilisation indique donc que de nombreux faits constatés par les policiers et les gendarmes ne rentraient pas dans les statistiques de ces dernières années. Le phénomène des violences sexuelles sur mineurs n'est donc pas en explosion, mais est depuis longtemps plus important qu'il n'y semblait, ce qui finalement est tout aussi inquiétant qu'une explosion de la commission de ces infractions.

La pédophilie est donc importante en France, c'est un phénomène qu'il faut combattre d'autant que les faits constatés par les forces de l'ordre ne sont pas représentatifs de la

---

[1] *Bulletin sur la délinquance enregistrée pour l'année 2015*, ONDRP, mars 2016.

criminalité réelle[2]. Une partie des actes de pédophilie commis restent à l'état de secret. En effet, faute de plainte, certains faits ne peuvent entrer dans les statistiques criminelles. Il est donc nécessaire que les faits de pédophilie soient dénoncés afin, de les compter d'une part, mais surtout de les punir d'autre part. La plainte, et donc la dénonciation, est très importante. Même sans plainte, la dénonciation permet la mise en mouvement des services de l'Etat venant en aide aux enfants en danger. Comme il ne saurait être demandé au pédophile de s'incriminer lui-même[3], la responsabilité de la dénonciation repose sur la victime et toutes les personnes tierces ayant connaissance des faits. Pourtant dans de nombreux cas les victimes garderont le silence sur leur vécu. Quand elles en parlent, c'est bien souvent des années voir des décennies plus tard. De plus, de nombreuses affaires, notamment au sein de l'Eglise catholique, ont montré que les personnes tierces au courant des faits de pédophilie ne brisent pas plus le silence que les victimes. Des professionnels du secteur social, de la santé, du droit découvrent avec effarement lors d'enquêtes sur des situations de pédophilie que des personnes savaient, mais n'en avaient jamais rien dit. Ainsi, le silence se garde entre trois types de personnes : les auteurs, les victimes et les tiers silencieux. Le silence semble être une règle immuable de la pédophilie. L'auteur joue un

---

[2] La criminalité réelle est la totalité des infractions commises sur le territoire français. Cette criminalité n'est pas évaluée par les statistiques policières qui ne sont que les faits constatés par les services de police et de gendarmerie ; par les statistiques judicaires compatibilisant les décisions de condamnation prononcées par les cours et les tribunaux ; par les statistiques pénitentiaires comptabilisant le nombre et la répartition des détenus ainsi que de nombreuses modalités d'exécution des peines en milieu ouvert. Ces statistiques révèlent la criminalité apparente. La criminalité réelle est l'addition de la criminalité apparente et du chiffre noir, ce chiffre (non mesurable mais évaluable) représentant la criminalité non apparente. Voir *Dictionnaire des sciences criminelles*, sous la direction de LOPEZ (G.) et TZITZIS (S.), Dalloz, 2004, p. 884 et suivantes.

[3] De l'article 6 de la CESDH prévoyant le droit à un procès équitable il est déduit par la CEDH dans un arrêt du 25 février 1993 Funke contre France le droit de ne pas s'auto-incriminer.

rôle déterminant de par son *modus operandi*[4] sur le silence de la victime, il est donc envisageable qu'il joue aussi un rôle déterminant sur le silence du tiers.

Heureusement, des victimes, des parents de victimes, des médecins, des professeurs, parfois des pédophiles eux-mêmes en parlent, se livrent et conduisent à l'incarcération de criminels, de délinquants sexuels qui portent atteinte à l'ordre public par leur comportement destructeur de l'enfance. Mais certainement trop de cas restent dans l'ombre. Nous ne nous intéresserons donc pas aux traitements de situations de pédophilie mises au jour, mais à la mise au jour des situations de pédophilie non traitées par une étude du silence des tiers non dénonciateurs.

La pédophilie n'est pas un drame moderne, contemporain. Il existe depuis plusieurs siècles et à chaque époque, en fonction des avancées idéologiques et scientifiques, il est appréhendé par la société de manière différente. La pédophilie est tantôt un phénomène culturel, tantôt un ennemi à combattre, tout en passant par des états d'indifférence et d'ignorance.

Dans la Grèce Antique, les relations sexuelles entre adultes et enfants étaient normales voir encouragées. La pédophilie était un rite de passage, un rite initiatique afin de faire de l'enfant un bon citoyen futur. En effet, « le sperme de l'adulte était censé transmettre à l'enfant la virilité »[5]. La pédophilie au sens large se déclinait en plusieurs formes : le pédophile avec des enfants prépubères, l'hébéphile avec des jeunes adolescents pubères. Le dominant majeur est l'éraste, il est âgé de vingt à trente ans. Le dominé mineur est l'éromène. Ces conduites pédophiliques sont normales, mais ne doivent pas être poursuivies trop longtemps sans quoi l'éromène est moqué de ses paires. Tout éromène peut se

---

[4] *Modus operandi* signifie mode opératoire.

[5] CÉDILE (G.), *La pédophilie les leçons du procès d'Outreau*, 2e édition, Editions ESKA, 2005, p. 19

marier, avoir des enfants et devenir à son tour éraste[6]. A Rome, la situation sera très similaire, la pédophilie est tolérée, voire encouragée, mais ne doit pas se poursuivre trop longtemps. L'enfant est dépendant vis-à-vis du père du fait de la puissance paternelle (*patria potestas*)[7]. L'enfant existe toutefois dans l'imaginaire collectif puisque des états de l'enfance (des impubères) différents sont distingués par les Romains : « l'*infans* (celui qui ne parle pas), l'*infantiae proximus* et le *pubertati proximus* »[8]. Dans ce contexte apparaît le christianisme qui va avoir une vision radicalement différente des choses. Pour les chrétiens, les valeurs essentielles sont celles de la famille et de la moralité sexuelle. Aussi, « dans un édit du 6 août 390, l'empereur Théodore condamne les homosexuels au bûcher. L'église devient garante de la moralité sexuelle et fait appliquer par l'état les lois du droit canonique. Elle frappe d'excommunication ceux qui se livrent à la corruption d'enfants »[9]. La religion catholique apprend à considérer tout ce qui ne relève pas de la procréation, notamment le plaisir charnel, comme étant un péché.

Au Moyen-Age, l'Eglise est très puissante, son pouvoir temporel s'est renforcé. La pédophilie est toujours condamnée, cependant l'enfant n'est pas reconnu comme tel. Pour le droit canon l'enfant est responsable de ses actes à l'âge de 7 ans[10]. Dans la société médiévale « les enfants participent aux mêmes travaux et aux mêmes jeux que les adultes. Les écrivains les ignorent, tandis que les peintres les représentent

---

[6] *Ibid*, p. 19

[7] PÉDRON (P.), Gu*ide de la protection judiciaire de la jeunesse*, 4ème édition, Gualino, 2016, p. 32

[8] *Ibid*

[9] CEDILE (G.), *La pédophilie les leçons du procès d'Outreau*, *op.cit*, p. 20

[10] PEDRON (P.), Gu*ide de la protection judiciaire de la jeunesse*, *op.cit*, p. 34 : « juridiquement, la période de l'enfance se partageait entre l'*infantia* (de la naissance à sept ans, âge à partir duquel l'enfant devenait capable d'une parole propre, différente de l'imitation des adultes) et la *pueritia* (temps de l'école et de l'apprentissage d'un métier, qui s'achève à la majorité soit douze ans pour les filles et quatorze ans pour les garçons).

comme des adultes en miniatures »[11]. Les enfants n'existent pas dans l'imaginaire collectif. Si Philipe Ariès « a soutenu que cette période n'avait pas eu le sentiment de son [l'enfant] existence propre »[12], Pierre Pédron relève que cette vision des choses tend à s'invalider : « le père a le devoir de nourrir, d'éduquer et d'établir ses enfants »[13]. Cela signifierait que l'enfant est pris en compte dans la société médiévale, d'ailleurs l'avortement est interdit par le droit canon comme le droit pénal. Pourtant les infanticides sont régulièrement pratiqués malgré leur interdiction, et l'abandon est de ce fait toléré, car considéré comme un « pis-aller »[14]. L'histoire retient Gilles de Rais, fait maréchal de France par le roi Charles VII pour ses exploits militaires aux côtés de Jeanne d'Arc, comme un grand criminel sexuel et tueur d'enfants. Il est exécuté le 26 octobre 1440 à Nantes[15]. Ces crimes sont nombreux : « peut-être 200 enfants étranglés, éventrés, et dont les têtes tranchées forment une collection dans ses donjons. Le massacre dure huit ans malgré les rumeurs, lesquelles sont étouffées par la crainte devant ce seigneur dont le courage physique et la cruauté se confondent en une seule valeur »[16]. La sodomie (donc les viols) et les meurtres sont des accotés des accusations de pacte avec le diable et de rébellion. L'enfance ne semble pas être la priorité absolue lors de son procès. A la renaissance, l'enfant est peu à peu redécouvert et la pédérastie avec. « Chacun a entendu parler des « mignons » d'Henry III »[17]. La pédophilie est toutefois toujours condamnée.

---

[11] *Le mineur et le droit pénal*, L'Harmattan, 1997, p. 49

[12] PEDRON (P.), Gu*ide de la protection judiciaire de la jeunesse*, *op.cit*, p. 32, l'auteur cite P. Ariès, *L'enfant et la vie familiale sous l'ancien régime*, seuil, Points histoire, 1973.

[13] *Ibid*, p. 34

[14] *Ibid*, p. 35

[15] ANCIBURE (F.) et GALAN-ANCIBURE (M.) *La pédophilie comprendre pour réagir*, Dunod, 2008, p. 41

[16] *Ibid*, p. 41

[17] CEDILE (G.), *La pédophilie les leçons du procès d'Outreau*, *op.cit*, p. 20

A la révolution le « Code Pénal de 1791 élimine le délit d'homosexualité en France. A l'époque, aucune loi ne prévoit de sanctions pour les rapports entre un adulte et un enfant, s'il est consentant »[18]. Le Code Pénal de 1810 prévoit lui une aggravation des sanctions contre les personnes commettant une infraction sexuelle à l'égard de mineur. Si cela est fait, « c'est sans envisager plus en avant la spécificité d'un crime commis sur un enfant »[19]. Le droit n'est pas en adéquation avec la réalité criminologique qui concerne les violences sexuelles sur les enfants.

Il aurait toutefois été compliqué d'envisager cette réalité criminologique avant que celle-ci ne soit étudiée, avant même que la criminologie[20] n'existe. Malgré l'évolution du droit que comporte le Code Pénal de 1810, les violences sexuelles sur enfants restent dans le déni. Anne-Claude Ambroise-Rendu parle ainsi du viol d'une petite paysanne : « quelle mère prendrait le risque d'hypothéquer, pour toujours peut être, un capital précieux, le seul que ces petites paysannes possèdent : une pureté entière, une moralité inattaquable et un corps intact à offrir sur le marché du mariage ? »[21]. L'enfant n'est pas protégé, pas même par ses parents, car la virginité est un bien précieux. En parler c'est perdre la chance de faire un mariage avantageux.

---

[18] *Ibib*, p. 21

[19] AMBROISE-RENDU (A-C.), *Histoire de la pédophilie XIXème – XXIème siècle*, Fayard, 2014, p. 10

[20] La paternité de la criminologie est donnée à Lombroso, Ferri et Garofalo, savants italiens du XIXème siècle par Raymond Gassin. Il définit la criminologie ainsi : « la science qui étudie d'une part les facteurs de l'action criminelle et leur interaction, ainsi que les processus qui conduisent au passage à l'acte délictueux et d'autre part les conséquences répressives et préventives que l'on peut tirer de ces connaissances pour une lutte efficace contre la délinquance » ; voir *Dictionnaire des sciences criminelles*, sous la direction de LOPEZ (G.) et TZITZIS (S.), Dalloz, 2004, p. 208. La réalité criminologique est donc la réalité décrite par les travaux criminologiques.

[21] AMBROISE-RENDU (A-C.), *Histoire de la pédophilie XIXème – XXIème siècle*, *op.cit*, p. 16

L'enfant ne passe qu'après. Les abus sexuels sont ainsi niés par toute la société, même par les parents des victimes. De toute façon, pour prouver le crime il fallait prouver la violence, ce qui dans le cas d'enfants n'est pas simple, celui-ci n'étant pas toujours en capacité de se défendre.

En 1830 le taux d'acquittement des accusés de viol et attentat à la pudeur atteint jusqu'à 40% des affaires[22].

A partir du milieu du XIXème siècle, des médecins s'emparent du phénomène. Ils observent que des enfants sont attaqués sexuellement, bien plus qu'ils ne pouvaient le penser. Adolphe Toulmouche (1798-1876) publie en 1856 *Des attentats à la pudeur et du viol*, œuvre traitant du cas de fillettes âgées de moins de 12 ans[23]. Ambroise Tardieu (1818-1879), père de la médecine légale, s'intéresse lui aussi aux enfants victimes d'abus sexuels. Il est « le premier à rédiger un véritable traité de médecine légale consacré aux attentats aux mœurs »[24] : *Les attentats aux mœurs*. Tardieu décrit notamment les atteintes corporelles liées aux attentats aux mœurs et met l'accent sur la fréquence de ces attentats. Alexandre Lacassagne (1834-1924) emboîte le pas de Tardieu avec *Attentats à la pudeur sur les petites filles* publiées dans les *Archives d'anthropologie criminelle et des sciences pénales* qu'il créées en 1886[25]. Lacassagne relève principalement que des attentats sont commis ou tentés sans violence et qu'avec ou sans violence, ces actes « peuvent ne laisser absolument aucune trace »[26]. Vient ensuite Paul Brouardel (1837-1906) qui apporte deux modifications majeures à la médecine légale. D'un part, contrairement à ses prédécesseurs, il conçoit comme possible la pénétration d'un enfant par un adulte

---

[22] *Ibid*, p. 19

[23] ANCIBURE (F.) et GALAN-ANCIBURE (M.), *La pédophilie comprendre pour réagir*, *op.cit*, p. 63

[24] *Ibid*, p. 65

[25] *Ibid*, p. 66

[26] *Ibid*

malgré la disproportion entre la taille de l'orifice de l'enfant et la taille du sexe de l'adulte[27]. D'autre part, il réinvente le rôle de l'expert qui ne doit plus être, d'après lui, un expert de la défense ou de l'accusation, mais un expert objectif et impartial. L'expert doit se restreindre à « la formulation de conclusions « sans se préoccuper de savoir à qui ses réponses serviront ou nuiront ». Lorsqu'il ne parvient pas à une conclusion déterminante, il dit : « je ne sais pas » »[28].

Les médecins se rendent compte que c'est au sein de leurs familles que de nombreux enfants sont abusés. Le droit et la médecine vont finir par opérer un « mariage de raison ». Ainsi en 1832 est instaurée l'infraction d'attentat à la pudeur sans violence à l'égard d'un mineur de 11 ans. L'âge de la victime devenant l'élément constitutif de l'infraction plutôt que la violence, le droit devrait être en meilleure adéquation avec la réalité criminologique observée par les médecins.

La situation des enfants est de plus en plus observée par les médecins et la société entière commence à changer son regard sur les enfants. L'Eglise, encore puissante à cette époque, opère un changement de paradigme dû à la Révolution française et la révolution industrielle. « L'Eglise elle-même est en train de renoncer progressivement au dogme selon lequel les douleurs d'ici-bas seraient autant de gages des félicités de l'au-delà »[29]. La promesse du capitalisme et de l'ascension sociale par le travail efface peu à peu le dogme de l'Eglise qui tenait chacun à sa place. La félicité ne se trouve plus après la mort, elle se trouve ici et maintenant. Aussi, avec un tel changement de paradigme, il n'est plus possible d'ignorer des souffrances temporelles, notamment celle des enfants. Ainsi, l'Etat commence lui aussi à se préoccuper du

---

[27] *Ibid*, p. 67

[28] *Ibid.* L'auteur cite THOINOT (L.), *Annales d'hygiène publique et de médecine légale*, 4° série, n° 6, 1906, p. 193235

[29] AMBROISE-RENDU (A-C.), *Histoire de la pédophilie XIXème – XXIème siècle, op.cit*, p. 51

sort des enfants d'autant plus qu'ils sont la main d'œuvre de demain. L'Etat se substitue donc aux associations philanthropiques et aux œuvres de charité. L'enfant devient non seulement un objet d'intéressement, mais un nouvel enjeu de la société en tant que victime, mais aussi délinquant lui-même. La loi sur la protection des enfants maltraités ou moralement abandonnées du 24 juillet 1889 prévoit la dé-déchéance de paternité. Ceci est une forte intrusion de l'Etat dans les familles ayant pour effet d'institutionnaliser l'intérêt supérieur de l'enfant : s'il est menacé, l'Etat doit intervenir au mépris du système familial. La famille était pourtant encore à l'époque une valeur très forte qui encadrait la société. Il se trouve toutefois que la famille peut aussi être le lieu de tous les dangers pour l'enfant. Si la déchéance de paternité était une mesure louable, elle a eu un effet pervers. En effet, l'enfant avait, par ses déclarations, le pouvoir de faire éclater sa famille, le pouvoir de faire intervenir l'Etat dans sa situation. Ainsi, « en raison du scandale qu'il risque de faire éclater, l'enfant apparaît comme le principal fauteur de troubles. On le réduit donc au silence en usant au fond des mêmes procédés que son séducteur : la persuasion »[30]. La parole de l'enfant est remise en question notamment sur le plan médical. Se pose la question de savoir si les enfants ne sont pas que de simples affabulateurs. En plus de ne pas croire les enfants, ils sont suspectés de complaisance. Durant cette période nait la psychanalyse de Sigmund Freud (1856-1939). Elle apporte notamment les notions de fantasme, de complexe d'Œdipe, de sexualité infantile qui relativisent la parole de l'enfant et son innocence.

Après les enfants, vient le tour du pédophile d'être saisi par la science. La Première Guerre mondiale voit apparaître de nouvelles pathologies. Certains pédophiles tentent de se faire passer pour des aliénés afin d'échapper à la justice. « Il faut attendre 1931 et une nouvelle traduction de *Psychopathia*

---

[30] *Ibid*, p 72

sexualis rééditée et complétée par Moll et préfacée par le psychologue Pierre Janet, pour que le terme pédophilie fasse véritablement son entrée dans la langue française »[31]. Le verdict des médecins est que la pédophilie est une perversion. Face à ces accusations de maladies mentales, certains pédophiles vont se défendre, d'abord par une production culturelle de la part d'une élite. Ils ne commencent pas par se défendre haut et fort, mais par le biais d'une littérature difficilement critiquable puisqu'étant avant tout une œuvre artistique. C'est ainsi que André Gide, prix Nobel de littérature en 1947, défendra la pédophilie à travers ses œuvres en la présentant sous le meilleur des jours. La qualité de sa plume étant sa meilleure alliée dans ce combat. Pour lui l'acte pédophile est avant tout un acte d'amour entre deux personnes consentantes et se donnant du plaisir réciproquement. Si inégalité il y a dans la relation pédophile, Gide considère que le pédophile est un pédagogue qui apporte à l'enfant une éducation sexuelle. L'inégalité de la relation pédophile est ainsi dissolue dans le but de transmission de savoir, ce qui serait donc louable pour Gide. Le régime de Vichy, après que Gide se soit enfui de France, « légifère sur les conduites sexuelles « contre nature » avec des mineurs de même sexe de moins de 21 ans »[32]. Vichy, puis le Vatican met Gide à l'index.

Toutefois, à la libération, le général de Gaulle proposera un siège à l'académie pour Gide. Il reçoit ensuite le prix Nobel de littérature. A travers son talent d'écrivain, Gide fait ainsi l'éloge de la pédophilie. Ses œuvres seront réutilisées dans les années 1970, à la libération des mœurs.

A la suite de mai 68, la société française change. Elle se libère. Le slogan « il est interdit d'interdire » est porté comme une devise. Les homosexuels principalement tentent de faire reconnaître leurs droits. Les pédophiles s'y associent.

---

[31] *Ibid*, p. 93
[32] *Ibid*, p. 121

« D'emblée les défenseurs de la pédophilie arriment leur plaidoirie aux revendications du Front Homosexuel d'Action Révolutionnaire (F.H.A.R.), crée en mars 1971, qui réclame que cesse l'oppression sociale des homosexuels et invite à la reconnaissance des « sexualités autres » »[33]. La pédophilie est alors un mouvement social, un mouvement culturel. Rapidement les homosexuels se dissocient des pédophiles, n'approuvant pas leurs revendications. Les mouvements pédophiles s'éteignent vite. Après les seventies, le législateur continue de renforcer la protection juridique des enfants.

La loi du 10 juillet 1989 offre la possibilité pour l'enfant d'avoir un défenseur *ad hoc*, le délai de prescription des crimes qui lui sont infligés commence à courir à sa majorité. La même année est adoptée à New York la convention internationale des droits de l'enfant (le 20 novembre 1989). Le droit et la morale évoluent ensemble vers la protection de l'intérêt supérieur de l'enfant. Leur parole est de mieux en mieux prise en compte.

Deux affaires très médiatisées vont modifier la façon de penser la pédophilie pour les Français, mais également pour les Belges. Le 13 aout 1996, Marc Dutroux et ses complices sont arrêtés en Belgique. L'horreur de ses crimes choque le grand public. L'arrestation de Dutroux « est le premier épisode d'une affaire qui va durablement transformer l'appréhension du crime sexuel sur enfant, et dont la médiatisation spectaculaire est désormais placée sous les auspices du crime de sang »[34]. Dutroux devient une figure mythique du pédophile. Pourtant il ne correspond pas aux pédophiles « du quotidien ». Ses crimes sont extraordinaires au sens où ils sont justement totalement hors de l'ordinaire. Le pédophile devient l'ennemi public numéro un. Mais une seconde affaire prend une direction différente de celle de Dutroux. Il s'agit de l'affaire d'Outreau dont le procès s'ouvre le 4 mai

---

[33] *Ibid*, p. 166
[34] *Ibid*, p. 225

2004. Bien que de nombreux enfants ont été reconnus victimes d'abus sexuels, treize des dix-sept accusés sont reconnus innocents. Le réseau de pédophilie qui devait être mise à jour grâce aux témoignages des enfants victimes s'est avéré n'être qu'une affabulation, une semi-affabulation. L'immense scandale que provoque cette affaire, elle aussi médiatisée de façon spectaculaire, vient des dysfonctionnements dont la justice a fait preuve se mêlant au drame réellement vécu par plusieurs enfants. La parole des enfants est faillible. Ainsi, la France aujourd'hui prise entre ces deux principales affaires est tenaillée par des peurs antagonistes : la peur des pédophiles et la peur de l'affabulation des enfants.

C'est dans ce contexte que s'intègre le tiers à l'acte de pédophilie. Celui-ci à l'obligation juridique de dénoncer tous les actes de pédophilie qu'il peut constater en vertu des articles 4341, 434-3 et 223-6 du CP prévoyant des obligations de dénonciation aux autorités judiciaires ou administratives ou l'obligation de porter secours ou provoquer un secours à l'égard d'une personne en danger. Cette personne tierce à l'acte de pédophilie est tenaillée entre le « tous pédophiles » et le « tous affabulateurs ». Il se trouve que de nombreux tiers restent silencieux face à des actes de pédophilie. Le pédophile quant à lui, utilisant un *modus operandi* non coercitif, s'assure du silence de sa victime. Aussi, auteur, victime et tiers, tous trois ne parlent pas des actes de pédophilie. Le silence s'inscrit donc dans un triptyque auteur/victime/tiers (triptyque A/V/T) : un système multi-relationnel.

Pour définir ce que nous entendons ici comme étant ou non de la pédophilie, nous emploierons la définition de ce que nous appellerons par la suite « acte de pédophilie » parfois non distinctement de « abus sexuel ». En effet nous voulons adopter une définition à la fois très large de la pédophilie, mais également restrictive sur certains points en définissant le pédophile en fonction de ses actes.

Il est à noter que nous dirons abus sexuel (entendu comme commis à l'égard de mineur) indistinctement d'acte de pédophilie (ou acte de nature pédophile). Si les auteurs de *Le mineur et le droit pénal* emploient le terme d'abus sexuel « par simple commodité »[35] nous utiliserons ce terme à dessein. Les auteurs de *Le mineur et le droit pénal* relèvent une critique faite à ce terme, pour en expliquer l'emploi par commodité, par F. Montreynaud qui dit qu'« en français, un abus est un usage mauvais ou excessif de quelque chose ; abus d'alcool, abus d'autorité. Cela sous-entend qu'il existe un usage bon ou raisonnable de la chose en question, ce qui peut être le cas pour l'alcool ou l'autorité. Mais parler d'abus sexuel est absurde, car cela suppose qu'on peut user sexuellement de manière bonne ou raisonnable, d'un enfant. Or, il n'y a pas de pratique sexuelle entre adulte et enfants qui puisse s'établir à égalité, dans un rapport de liberté réciproque »[36]. Cette critique du terme d'abus sexuel à l'égard des enfants nous paraît fausse. Ce qu'entend F. Montreynaud par abus sexuel est en réalité un « abus de sexualité ». Tout comme dans le terme d'« abus d'alcool », abus de sexualité signifie que l'objet de l'abus est le terme suivant, du fait du mot « de » (ou « d' ») ayant une fonction possessive. L'abus d'alcool est le fait d'abuser de l'alcool. L'abus de sexualité est le fait d'abuser de la sexualité. En revanche, l'abus sexuel n'est pas le fait d'abuser de la sexualité. C'est le fait de commettre un abus à des fins sexuelles. L'abus est sexuel par destination et non par son objet. L'objet de l'abus dans le terme « abus sexuel » n'est pas précisé, aussi nous pouvons penser qu'il s'agit d'un abus de pouvoir (pouvoir le verbe et non-pouvoir le nom). L'abus sexuel est donc l'abus de pouvoir à l'égard d'un mineur à des fins sexuelles. L'abus de

---

[35] *Le mineur et le droit pénal*, *op.cit*, p. 49

[36] *Ibid*, p. 50. Les auteurs citent les propos de l'historienne féministe MONTREYANUD (F.) qui sont rapporté par WELZE-LANG (D.), MATHIEU (L.) et FAURE (M.) dans *Sexualités et violence en prison*, Observatoire international des prisons et Aléas éditeur, 1996, p. 37

pouvoir pouvant se caractériser par toutes les formes d'actions possibles, menace, violence, contrainte, surprise, mais aussi séduction. S'il n'y a pas d'usage raisonnable de la sexualité à l'égard d'un enfant, il y a un usage raisonnable de pouvoir (toujours le verbe) à l'égard d'un enfant. Pour mener l'éducation d'un enfant à bien par exemple, il faut en effet le pouvoir. C'est pourquoi le terme d'abus sexuel sur mineur ne renvoie absolument pas à une possible sexualité raisonnable qu'il est possible d'avoir avec un enfant, ce qui, et F. Montreynaud a raison sur ce point, est impossible.

Nous souhaitons définir le pédophile en fonction de ses actes pour plusieurs raisons. En premier lieu, le fait de définir le pédophile en fonction de la commission d'un acte de pédophilie en restreint le domaine aux seuls pédophiles étant passés à l'acte. Le passage à l'acte induit nécessairement l'existence d'une victime et la possible existence de tiers. Le pédophile défini par ses actes permet en toute situation de parler d'un triptyque auteur/victime/tiers. En second lieu, l'objet d'étude n'est pas le pédophile lui-même, mais l'influence de son comportement sur le tiers. Aussi, peu importe sa personne, mais son passage l'acte. En définissant le pédophile par ses actes tous les types de pédophiles sont compris dans la définition quelle que soit la réalité psychiatrique ou psychologique inhérente à sa personne ou les motifs de son passage à l'acte. Des pédophiles peuvent en effet adopter le même comportement alors même que les raisons les ayant poussés à agir sont totalement différentes. En dernier lieu, les obligations de dénonciation découlant des articles 434-1, 434-3 et 223-6 du CP ne concernent que des actes et non des personnes. Il n'existe pas dans le CP d'obligation de dénonciation d'une personne en tant que telle, mais des obligations de dénonciation d'acte. Il n'est pas demandé par le CP de dénoncer un pédophile (qui serait défini autrement que par ses actes) n'étant pas passé à l'acte. Puisque de ces obligations de dénonciation d'acte découle la problématique du silence, il nous paraît nécessaire que ce soient ses actes qui définissent le pédophile.

La meilleure façon de déterminer un pédophile en fonction de ses actes est de passer par le droit et la qualification pénale qui est donnée aux actes commis par son auteur. Aussi nous appellerons « acte de pédophilie » tous les actes qualifiables pénalement par les articles que nous allons citer ci-dessous dès lors qu'ils sont commis par un majeur à l'égard d'un mineur (le seuil d'âge du mineur dépend de l'article concerné). Il suffit que l'acte soit qualifiable pour le considérer comme un acte de pédophilie. Il n'est pas nécessaire que l'acte ait été qualifié, caractérisé, condamné. Seule nous intéresse la réalité de l'acte et non la réalité judiciaire. Si l'acte est qualifiable, mais non caractérisé, il en reste pas moins un acte de pédophilie. Ainsi par acte de pédophilie nous entendons tous les actes sexuels répréhensibles commis par un adulte sur un enfant. Il s'agit donc des atteintes sexuelles prévues par les articles 227-25 et 227-27 du CP ainsi que de façon connexe à des atteintes sexuelles, les infractions prévues aux articles 22717, 227-22, 227-22-1, 227-23, 227-24 du CP (soustraction des parents aux obligations légales compromettant la santé, la sécurité, la moralité ou l'éducation de leur enfant ; corruption de mineur ; propositions sexuelles à mineur de 15 ans par voie électronique ; exploitation, diffusion, fabrication, consultation de l'image d'un mineur à caractère pornographique ; diffusion, fabrication, transport, commercialisation à des mineurs d'un message inapproprié). Il s'agit également des agressions sexuelles prévues par l'article 222-22 du CP complété par les articles 222-22-1, 222-22-2, 222-27, 222-29-1 du CP (complément de définition de l'agression sexuelle ; prévision des peines ; circonstance aggravante). A cela s'ajoute le viol prévu par l'article 222-23 du CP complété par les articles 222-24, 222-25, 222-26 et 222-31 du CP (circonstances aggravantes et punition de la tentative pour les articles 222-27 à 222-30 du CP). Nous pouvons de plus ajouter l'exhibition sexuelle prévue par l'article 222-32 du CP ainsi que le harcèlement sexuel prévu par l'article 222-33 du CP.

Les actes de pédophilie recouvrent donc principalement :

- Les atteintes sexuelles sur mineur sans contrainte, menace, violence ou surprise commis sur la personne d'un mineur de 15 ans.
- Les atteintes sexuelles sans contrainte, menace, violence ou surprise commises sur la personne d'un mineur de plus de 15 ans par ascendant ou toute autre personne ayant autorité en droit ou en fait sur la victime ou lorsque que l'atteinte est commise par une personne qui abuse de l'autorité que lui confèrent ses fonctions.
- Les agressions sexuelles commises sur la personne d'un mineur de 15 ans.
- Les viols commis sur la personne d'un mineur de 15 ans.

Nous appelons donc pédophile toute personne ayant commis l'un de ces actes, qu'il est été jugé ou non, condamné ou non. C'est donc une définition opérationnelle et juridique que nous donnons du pédophile puisqu'il est défini en fonction de ses actes qualifiables juridiquement.

Cette définition est loin d'être parfaite. Tout d'abord elle est très limitative puisque cloisonnée au droit. Pour des psychiatres par exemple, peut être pédophile quelqu'un qui ne passe pas à l'acte. Le CIM 10, notamment, mentionne la pédophilie au chapitre 05 "Troubles mentaux et troubles du comportement (F00-F99)", paragraphe "Troubles de la personnalité et du comportement chez l'adulte (F60-F69)", à la catégorie "Troubles de la préférence sexuelle (F65)". Référencée F65.4, et la définie comme une : "Préférence sexuelle pour les enfants, généralement d'âge prépubère ou au début de la puberté. Certains pédophiles sont uniquement attirés par les filles, d'autres uniquement par les garçons, et d'autres encore par les deux sexes"[37]. Cette définition n'est pas adéquate pour notre étude, car elle ne distingue pas les pédophiles étant passés à l'acte des pédophiles n'étant pas passé à l'acte. Or, puisque nous nous intéresserons à une méthode spécifique de passage à l'acte, notre définition de la pédophilie doit nécessairement ne comprendre que des personnes étant passées à l'acte, sans quoi ils ne peuvent en avoir la méthode. Une personne qui passe à l'acte devait très certainement être pédophile avant son passage à l'acte. Il y a donc un côté absurde à définir une personne comme pédophile qu'une fois qu'elle est passée à l'acte. Cependant, si cette définition est restrictive, elle est aussi particulièrement large sur d'autres points. Par cette définition, nous n'excluons aucune catégorie de pédophile. En effet si, encore une fois pour des psychiatres, le pédophile sera celui qui a une préférence sexuelle pour les enfants, pour nous, dès lors qu'il a commis un acte pédophilique tel que nous les avons définis, il entre dans la catégorie des pédophiles, peu importe si, dans la réalité de son psychisme, existe ou non une véritable préférence pour les enfants. Il en va de même pour les personnes incestueuses qui sont comprises dans cette définition alors que la clinique psychiatrique de ces cas est très différente. Notre définition, bien qu'excluant certains cas, en intègre certains autres. Cette définition nous permet d'envisager la pédophilie en fonction des actes commis ce qui est essentiel puisque le *modus operandi* du passage à l'acte est en partie l'objet de notre étude.

Les pédophiles sont donc ceux qui ont commis un acte pédophilique. Il y a toutefois plusieurs façons de commettre ce genre d'acte. Il est donc possible de les distinguer entre eux en fonction de l'infraction commise, par exemple : un pédophile violeur se distingue d'un pédophile agresseur sexuel. Ils pourront aussi être distingués en fonction de leur victime, par exemple : les pédophiles intra-familiaux se dis-

[37] CIM 10, OMS, Masson 2000, p. 196

tinguent des pédophiles extra-familiaux. Principalement nous les distinguerons en fonction de leur *modus operandi*. Les pédophiles usant d'un *modus operandi* non contraignant ou non coercitif ou de stratégies subtiles et manipulatoires, sont ceux qui n'ont usé d'aucune forme de violence physique ou morale, de contrainte physique, de menace ou de surprise. Les pédophiles usant de stratégies non coercitives sont des pédophiles séducteurs d'enfant. Bien que nous nous intéressions particulièrement aux pédophiles non violents, nous n'excluons pas totalement les pédophiles violents du champ d'études, ils sont toutefois distincts les uns des autres.

La victime est donc le mineur qui a subi un des actes de pédophilie que nous avons défini comme tel. La victime est mineure de 18 ans dans le cas où les faits sont qualifiables d'atteinte sexuelle sur mineur de plus de 15 ans sans violence, contrainte, menace ni surprise par ascendant ou par toute autre personne ayant sur la victime une autorité de droit ou de fait ou lorsque l'atteinte sexuelle a été commise par une personne qui abuse de l'autorité que lui confèrent ses fonctions[38]. Dans toutes les autres situations, le mineur est un mineur de 15 ans. Ce seuil d'âge est déterminé par le droit au sein des infractions elles-mêmes telle que l'infraction prévue par l'article 227-25 ou au sein des circonstances aggravantes d'infraction telle que la circonstance aggravante prévue par l'article 222-24, 2° du CP. Nous considérons la victime comme telle indifféremment de tous les facteurs autres que son âge dès lors qu'elle subit un acte de pédophilie.

La plupart des infractions se construisent autour de deux acteurs : l'auteur de l'infraction et la victime de l'infraction. Le cas des infractions de nature pédophile n'échappe pas à la règle. Le pédophile est l'auteur, l'enfant est la victime. Dans les cas où le pédophile utilise un *modus operandi* spécifique n'employant pas la violence, les actes pédophiliques sont

[38] Faits incriminés par l'article 222-27 du CP

commis en général à plusieurs reprises, de manière répétée voir habituelle, sur une ou plusieurs victimes. Dans ces cas, la relation auteur/victime n'est pas la seule en jeu. Il arrive un moment ou un tiers est impliqué ou doit être impliqué. Par « tiers » nous entendons toute personne ne participant pas à l'infraction, ni en tant qu'auteur, coauteur ou complice, ni en tant que victime. Ceci détermine un champ très large de personnes. Aussi nous ne nous intéresserons qu'à certains tiers. Ces tiers sont ceux qui, à un moment ou un autre, ont un rôle à jouer sur l'infraction. Il s'agit donc de tous les tiers qui ont eu connaissance de la commission d'acte de pédophilie ou qui auraient dû en avoir connaissance. Il s'agit donc des proches de l'auteur ou des proches de la victime, des professionnels de la santé, du secteur social, du secteur juridique que l'auteur ou la victime sont amenés à rencontrer ou encore des personnes ayant autorité sur la victime ou l'auteur.

Dès lors que le tiers a connaissance de la commission d'un acte de pédophilie, il est impliqué dans la situation de l'auteur et de la victime en ce qu'il a l'obligation juridique de dénoncer l'acte aux autorités judiciaires ou administratives. Tant que ce tiers ne se plie pas à son obligation, il est un tiers silencieux ou un tiers non dénonciateur. Nous utilisons le terme de « non-dénonciation » dans un sens large qui n'est pas uniquement juridique. Ainsi, même dans des cas où, par exemple, l'infraction de non-dénonciation de crime n'est pas caractérisée, nous parlerons tout de même de non-dénonciation dès lors que le tiers n'a pas révélé la situation (dans cette infraction, le silence n'est en effet pas le seul élément constitutif). La « non-dénonciation » se définit donc, dans notre sujet, comme le fait de garder pour soi en tant que secret la situation de pédophilie ou de n'en parler qu'à des personnes qui n'en parleront pas à leur tour, comme en parler à l'auteur lui-même par exemple. Seul l'élément du silence est pris en compte indifféremment des autres éléments constitutifs des infractions que nous appelons

« infractions de non-dénonciation ». Les infractions de non-dénonciation sont celles prévues par les articles 434-1, 434-3 et 223-6 du CP : la non-dénonciation de crime, la non-dénonciation de mauvais traitement à l'égard d'un mineur, la non-assistance à personne en danger.

Ces situations de pédophilie et de silence au sein du triptyque A/V/T, nous les illustrerons principalement par le biais du cas de Sophie, la victime d'un pédophile que nous avons interviewée spécialement pour ce mémoire[39]. A un âge dont elle ne se rappelle plus, elle commença à être agressée sexuellement par le mari de sa nourrice et ce jusqu'à l'âge de douze ans. A force de passer du temps chez sa nourrice, elle et son mari étaient devenus ses figures parentales. Elle était abusée de façon récurrente, au moins une fois par semaine. Sophie ne parlait pas de ce qu'elle vivait. L'auteur des actes de pédophilie était ainsi rassuré par le temps qui passait. Il gagnait en confiance, assuré du silence de sa victime par les années de silence déjà écoulées. Sophie se rendit compte que les abus qu'elle vivait n'étaient pas normaux, car une amie lui parla de sa propre situation. Cette amie vivait des choses similaires avec son frère ce qui déclencha sa prise de conscience. Bien que Sophie eût pris conscience de la nature réelle de ce qu'elle vivait, elle ne décida pas pour autant d'en parler. En parler c'était pour elle détruire deux familles auxquelles elle se sentait appartenir. Parler c'était aussi rendre les choses réelles, elle garda donc le silence. Si le père de Sophie pouvait avoir des doutes sur ce qu'elle subissait, le doute n'était plus permis pour sa petite sœur. En effet cette dernière leur avait fait part de gestes déplacés qu'avait eu l'auteur envers elle, ce que Sophie n'apprit que plus tard. Le père de Sophie était allé voir l'auteur pour en parler sans que cela n'aille plus loin. Au collège Sophie se mit à faire des crises violentes et fréquentait pour cette raison plusieurs

[39] Interview de Sophie, Annexe 1. La totalité du paragraphe est une retranscription de l'interview de Sophie, par commodité nous n'y renvoyons donc qu'une seule fois.

hôpitaux psychiatriques. Dans l'un de ces hôpitaux, Sophie raconta son histoire à l'une des amies qu'elle s'y était faites. Cette amie parla de l'histoire de Sophie à leur psychiatre qu'elles avaient en commun. Cette dernière dénonça les faits au procureur de la République. L'auteur obtient un non-lieu et se retourna contre les parents de Sophie qui s'étaient portés partie civile. Finalement, l'affaire restée longtemps à l'état de secret y est retombée par la suite. Il existe maintenant un non-dit autour de son passé au sein de sa famille notamment parce que sa sœur n'a jamais été mise au courant de l'affaire.

Ainsi, afin d'illustrer ce qu'est un tiers non dénonciateur (ou tiers silencieux), dans le cas de Sophie, nous pouvons identifier trois cas illustratifs. Il y a tout d'abord la femme de l'auteur des actes pédophiliques. Sa qualité de tiers non dénonciateur est très discutable, puisqu'il semble qu'elle n'était pas au courant. Cependant les faits ont duré sur une très large période (de 0 à 12ans) et de plus il arrivait que l'auteur ne prenne que très peu de précaution : « Sa femme pouvait être dans la cuisine et nous dans le salon et il ne se privait plus ». Aussi nous pouvons faire l'hypothèse que dans ce cas la femme de l'auteur n'a pas voulu ou su voir la réalité de la situation. Elle avait de plus une forte relation avec Sophie et était professionnelle de l'enfance. Ensuite vient le père de Sophie : « je pense pouvoir dire que mon père pouvait avoir un petit doute. J'ai appris bien plus tard qu'à l'âge de 5 ans ma petite sœur était allée voir mes parents pour leur faire part de gestes de la part de l'auteur qui étaient déplacés et que mes parents avaient donc discuté avec l'auteur de cette affaire ». Le père de Sophie pouvait donc avoir un doute[40]. S'il y a un doute c'est donc que le père savait, mais ne voulait

[40] Nous notons qu'ici Sophie relativise la réalité de ce doute qu'elle minimise de toute façon. Nous faisons l'hypothèse que cela est le reflet du système de défense psychologique que Sophie a mis en place pour se garder de croire que son père était au courant. Cette hypothèse est corroborée par les propos de Sophie elle-même : « le manque de courage et encore une fois la préservation de ma famille fait que je n'ai pas encore posé cette question ».

pas y croire, ou au contraire qu'il y croyait sans vraiment le savoir. De plus il a été mis au courant d'un problème avec la petite sœur de Sophie qu'il a tenté de régler lui-même en n'en parlant qu'à l'auteur. Nous pouvons donc considérer le père de Sophie comme un tiers non dénonciateur. Enfin Sophie a révélé les faits à une de ses amies : « je l'ai dit une fois quand j'avais à peine 10 ans à une amie du même âge, aussi je savais qu'elle ne dirait rien parce que quand on a cet âge-là, l'amitié de l'autre est la chose la plus importante donc je la menaçais de ne plus être son amie si elle disait quelque chose ». Cette amie était donc réellement au courant et n'a rien dit.

Toutefois cette amie étant jeune son cas est particulier. Le reste des protagonistes de l'histoire de Sophie n'ont soit pas eu connaissance de la situation[41], soit ont parlé des faits, aussi nous ne pouvons les qualifier de tiers non dénonciateurs.

Dans beaucoup de cas, et pas seulement dans le cas de Sophie, les tiers semblent parfois autant silencieux que la victime elle-même. Dans la majeure partie des cas, la victime connaît son auteur[42], ce qui implique que certains tiers vont connaître à la fois l'auteur et la victime. Le tiers silencieux et la victime ont ce point commun de ne pas dénoncer l'auteur. Il n'est donc pas invraisemblable de faire l'hypothèse que le silence du tiers et le silence de la victime ont la même source qui pourrait être l'auteur.

La pédophilie est un phénomène qui a été longuement étudié sous différents angles : sociologique, psychologique, juridique, etc. La question du silence du tiers est parfois abordée, mais elle est étudiée de manière distincte des deux

---

[41] Encore que cela soit discutable en ce qui concerne sa mère mais nous laisserons sa mère de côté, Sophie attribuant un doute à son père mais pas à sa mère.

[42] BALIER (C.), CIAVALDINI (A.) et GIRARD-KAHYAT (M.), *Rapport de recherches sur les agressions sexuelles*, La documentation Française, novembre 1996 : dans 71% des cas l'agresseur sexuel connait sa victime.

autres protagonistes. Or, puisque le tiers joue un rôle dans la situation de pédophilie de par son obligation de dénonciation, il nous semble intéressant de l'étudier conjointement aux deux autres membres du triptyque A/V/T. Ainsi pourrons-nous voir le rôle que joue l'auteur dans les raisons du silence des tiers. En connaissant les sources du silence des tiers, il est possible d'agir dessus, aussi nous pourrons proposer des évolutions dans le droit et autres préconisations afin de favoriser les révélations d'acte de pédophilie.

Il est d'autant plus nécessaire de faire évoluer le droit que les dénonciations augmentent certes, mais d'une mauvaise façon. En effet, dans de plus en plus de cas, les dénonciations d'acte de pédophilie seraient abusives, c'est-à-dire ne reposeraient que sur de fausses allégations dans le but vénal d'obtenir des meilleures conditions de divorce principalement. La sociologue Evelyne Sullerot ainsi que la vice-présidente du Tribunal de Grande Instance de Paris Sylvaine Courcelle estiment à 30% le nombre des allégations qui seraient fondées et parlent d'une véritable épidémie dans les divorces conflictuels[43]. Comprendre le silence des tiers a un autre intérêt, c'est que cela ne se limite pas à la seule affaire de pédophilie. En effet, les obligations de dénonciation, notamment de dénonciation de crime, ne portent pas que sur des affaires de pédophilie. Par exemple, le 14 juin 2017, l'affaire Grégory se relance 32 ans après les faits. Marcel Jacob, grand-père de Grégory est mis en examen pour complicité d'assassinat, mais également pour non-dénonciation de crime et non-assistance à personne en danger[44]. La pédophilie n'est pas le seul domaine ou règne parfois le silence. Comprendre les mécanismes du silence dans le domaine de la pédophilie c'est commencer à ouvrir la compréhension du

---

[43] L'arme du soupçon d'inceste, *L'express*, 15 avril 1999

[44] Qui sont Marcel et Jacqueline Jacob, mis en examen dans l'affaire Gregory, *Le Monde.fr*, 16 juin 2016

phénomène aux autres crimes, aux autres affaires telle que la très médiatique « affaire du petit Grégory ».

Nous faisons le choix d'utiliser plusieurs types de sources pour constituer notre corpus. Le choix de cette multiplicité des sources vient de la volonté d'avoir une réflexion globale sur ce sujet précis. En effet l'apport de ces différentes sources nous permettra une approche plus complexe[45] de la question. Bien que différentes de nature et de valeur, nous tâcherons de rendre ces sources complémentaires. Le droit applicable ne saurait se départir de son appréciation par les juridictions de jugement. Les connaissances théoriques sont plus pertinentes si appuyées par un cas pratique. Le droit a lui-même des implications pratiques et la pratique peut être source de connaissance. Il nous semble que malgré leur différence, les sources sont fortement liées les unes aux autres. Chaque type de source apporte un angle de vue différent. Le premier pas vers un savoir complexe, que nous ne prétendons en aucun cas apporter, est le décloisonnement d'une part des disciplines au sein des sources et d'autre part le décloisonnement des sources elles-mêmes. Le premier pas vers le décloisonnement des sources est leur utilisation conjointe sur un même sujet. Aussi, si nous ne prétendons pas au savoir complexe, nous espérons en revanche faire un premier pas vers lui par l'utilisation conjointe de différentes sources. Nous justifions également ce choix du fait que la criminologie en tant que science est le résultat de ce choix. La criminologie est une science pluridisciplinaire résultant de l'étude du phénomène criminel par différentes disciplines d'une part et au moyen d'une multitude d'outils d'autre part. Nous souhaitons nous inscrire dans une telle démarche : une démarche criminologique. La contrepartie de ce choix est la non-spécialisation de ce mémoire. Il n'est ni un travail pure-

---

[45] Complexe, étymologiquement *complexus* : embrasser, peut signifier ce qui s'embrasse mutuellement. Nous employons le terme complexe en référence aux travaux d'Edgard Morin (MORIN (E), *Introduction à la pensée complexe*, édition du seuil, 2005).

ment juridique, ni purement sociologique, ni purement psychologique, etc. Ce choix est cependant volontaire, nous le pousserons même en abordant des questions de linguistique et de marketing dans la recherche des causes du silence des tiers alors que ces questions peuvent sembler hors sujet. Cette non-spécialisation va de pair avec une non-exhaustivité dans le corpus même. Ainsi, notre corpus est adapté à notre projet de recherche, nous ne souhaitons pas répondre de manière précise et exhaustive à une question (ce que notre corpus ne nous permet en aucun cas de faire), mais tenter de saisir la complexité d'un sujet en recherchant les liens existants entre les différentes composantes de ce sujet (ce qui nécessite, à notre sens, un tel corpus hétérogène).

En source principale nous utiliserons la littérature qui elle-même sera prise sur différents médias : ouvrages, articles de presse, documentaires avec une forte prédominance pour les ouvrages. Ces sources proviennent d'auteurs issus de différents domaines. Ainsi nous passerons par la sociologie (Guillaume Brie par exemple), la psychologie (Geneviève Cédile par exemple), la psychiatrie, la psychanalyse (Marivi Galan-Ancibure par exemple), la criminologie (Robert Cario par exemple), la théorie du droit (Marcela Iacub par exemple), l'histoire (Anne-Claude Ambroise-Rendu par exemple), ainsi que des professionnels écrivant sur leurs propres expériences (magistrats et travailleurs sociaux notamment tel que Martine Bouillon). La diversité des domaines de connaissance des différents auteurs du corpus nous permettra de tirer des éléments dans plusieurs disciplines afin de les relier entre eux et répondre à la problématique d'une manière globale et intégrée[46]. Chaque matière a sa place dans ce mémoire et nous apportera des éléments de réflexion. Cependant cette diversité nuit à

---

[46] En référence aux travaux de Robert Cario sur la justice restaurative. La justice restaurative est « Globale et intégrée » car elle demande l'utilisation de plusieurs disciplines d'une part et de leur utilisation simultanée et concerté d'autre part. Voir : *Dictionnaire des sciences criminelles*, *op.cit*, p. 570

l'exhaustivité des connaissances utilisées. La diversification peut parfois se faire au détriment de l'approfondissement. Toutefois l'exhaustivité ne peut être recherchée dans une approche complexe.

La seconde source est la jurisprudence. Il nous sera en effet nécessaire de voir quel est l'état de celle-ci afin de mieux comprendre le phénomène, voir comment le droit traite la question et quels sont les problèmes spécifiques que pose cette problématique dans le droit. La jurisprudence utilisée ne sera que celle de la France. En ce qui concerne la limite temporelle, nous n'utiliserons que des arrêts datant des 28 dernières années (de 1989 à 2017). Le choix de cette limite vient des modifications de la pensée qu'a connues la France ces dernières années sur la pédophilie. Le vote du 10 juillet 1989 de la loi relative à la prévention des mauvais traitements à l'égard des mineurs et à la protection de l'enfance sera donc notre point de départ ; en 1989 la France signe également la convention internationale des droits de l'enfant. Cette limite permet d'exclure des cas qui seraient trop anachroniques à notre temps, elle comporte de plus les moments choquants pour l'opinion publique que furent l'affaire d'Outreau ou l'affaire Dutroux qui ont accéléré cette modification de la pensée commune. Toutefois nous ne ferons pas d'étude ciblée de la jurisprudence, elle ne nous servira qu'à la précision de certains points de droit. Ce parti pris de ne pas faire une étude exhaustive de la jurisprudence concernant le silence des tiers vient du fait que la question du silence des tiers est en grande partie réglée durant la phase de poursuite et non de jugement comme nous le développerons ultérieurement.

La troisième source est la loi. Nous ne nous intéressons qu'à la seule loi applicable en France à la date de l'écriture de cet essai. Il sera parfois fait référence à d'anciennes rédactions de la loi lorsque cela sera nécessaire. La loi est essentielle puisqu'elle définit le cadre de notre recherche : pédophilie, non-dénonciation, etc.

Comme dernière source nous utiliserons des interviews. Principalement l'interview d'une victime don le cas est représentatif du sujet. Cette interview permettra d'avoir une situation réelle comme exemple récurrent des divers éléments développés dans ce mémoire afin de rendre plus clairs les développements. De plus l'illustration de divers points à travers un seul cas concret rendra plus évident les liens qui existent entre eux. Le cas de Sophie sera donc en quelque sort un fil conducteur dans l'illustration du développement. En revanche, l'utilisation de cette source est limitée. En effet, puisqu'il ne s'agit que d'un seul cas, son usage ne peut être qu'exclusivement illustratif. Une étude méthodique sur une multitude de cas aurait pu permettre de faire des observations, des comparaisons, des analyses et d'en tirer des éléments propres à répondre à notre problématique, mais tel n'est pas le cas. C'est pourquoi, puisque ce cas n'a qu'une vocation purement illustrative, nous n'avons rédigé le questionnaire qu'à la seule attention de la victime qui en fait l'objet. Ce questionnaire est spécifique à cette personne et a été rédigé dans cette intention. Nous utiliserons également une interview de Mme P. (présidente d'une association luttant contre la pédophilie), rédigée en Annexe sous la forme d'un rapport d'entretien. En effet, du fait de la prise de notes pendant la conversation téléphonique, la totalité de l'interview n'a pu être retranscrite.

En constatant que le silence est une caractéristique commune du comportement des trois membres du triptyque A/V/T, la question qui se pose consiste à se demander si le tiers silencieux face à des actes de pédophilie est sous influence du pédophile.

Tout d'abord certains pédophiles emploient un *modus operandi* leur permettant de placer la victime sous leur emprise. La victime en tant que mineur voit son consentement biaisé, il n'est qu'apparent, car nul. Les conséquences psychologiques et physiques pour la victime sont alors des éléments pour le tiers à la compréhension de la situation de pédophilie. Face à cette compréhension, le tiers doit dénoncer les actes de pédophilie ce qui pose le problème des dénonciations abusives : le pendant de l'obligation de dénonciation. Tous les tiers ne se plient pas à cette obligation, ils deviennent alors des tiers silencieux. Du silence des tiers se pose la question de la crédibilité de la parole de l'enfant, car pour être dénoncés, les faits doivent être pris au sérieux. Une fois ce constat fait, nous pouvons observer que le tiers peut rester silencieux pour des raisons inhérentes à la structure sociale dans laquelle il s'intègre et non au pédophile lui-même. Le pédophile joue tout de même un rôle direct dans le silence des tiers de par son *modus operandi* non contraignant. Il peut en effet utiliser ses stratégies à l'égard de l'enfant victime comme à l'égard du tiers. Le pédophile joue aussi un rôle indirect sur le silence du tiers du fait de la structure multi-relationnelle qu'est le triptyque A/V/T. En effet, le silence peut résulter d'éléments de langage circulant dans le triptyque ou d'une transmission de l'influence qu'a l'auteur sur la victime depuis la victime vers le tiers. Il apparaît ainsi que le droit n'est pas tout à fait adapté à la réalité criminologique des cas de silence, notamment du fait que la pratique judiciaire a évolué sans le droit sur la question du traitement des tiers silencieux. Il faudrait donc modifier ce droit tout en adaptant les préventions concernant la pédophilie.

Pour répondre à notre problématique, nous verrons d'abord le contexte du silence des tiers. Il se commet un acte de pédophilie d'abord, ensuite, une fois la situation constatée, le tiers doit dénoncer l'acte (Première partie). Pourtant celui-ci ne se plie pas toujours à son obligation juridique.

L'analyse du rôle causal de l'auteur d'acte de pédophilie dans le silence du tiers suscite alors une remise en question du dispositif juridique relatif aux infractions de non-dénonciation (Deuxième partie).

1ère PARTIE
Le contexte du silence des tiers : l'acte de pédophilie et l'obligation de dénonciation, découlant de sa constatation

Le silence est nécessairement contextuel. Il est une réponse ou une non-réponse à un acte de pédophilie. C'est l'acte de pédophilie qui fait l'objet de silence de la part du tiers aussi il ne peut être question de silence du tiers sans la commission d'un acte de pédophilie. L'acte de pédophilie qui est commis n'est pas anodin. Il est commis grâce à un *modus operandi* qui est spécifique aux pédophiles. De nombreux pédophiles ne sont en effet pas des Marc Dutroux en puissance, au contraire. Leur méthode est bien plus insidieuse que ne l'est la violence. Ils opèrent de manière subtile en manipulant leur victime. Le jeune âge de la victime rend possible cette manipulation. Ainsi, ils séduisent leur victime par un *modus operandi* non coercitif. Ils placent leur victime sous leur influence, celle-ci coopère alors à l'activité sexuelle. La victime n'est toutefois pas consentante. En effet, le consentement que donne la victime est nul, aussi ce consentement n'est qu'apparent. La séduction pose des problèmes de droit, car les infractions sexuelles sont des infractions qui se caractérisent lorsqu'il n'y a pas eu de consentement entre les deux partenaires sexuels. C'est pourquoi dans le cas spécifique des mineurs, une infraction évacue la notion de consentement : l'atteinte sexuelle sur mineur sans violence, menace, contrainte ou surprise. Cependant la preuve du consentement n'est pas le seul problème, la preuve de l'atteinte sexuelle est tout aussi problématique.

Face à cet acte de pédophilie, le tiers qui constate les faits, se voit dans l'obligation de les dénoncer aux autorités judiciaires ou administratives. Cette obligation juridique, qui vaut pour quiconque, se traduit d'une part par la mise en place d'une procédure de signalement, et d'autre part par la pénalisation de la non-dénonciation. Lorsque le tiers reste silencieux face à un acte de pédophilie, il devient donc un délinquant aux yeux de la loi. En effet, la non-dénonciation a des réelles conséquences sur la situation de pédophilie. Il n'est pas mis fin aux actes et l'auteur peut voir son sentiment d'impunité renforcé. Le tiers joue donc un véritable rôle dans la situation de pédophilie qu'il constate. Il doit, à ce titre, être puni. Il ne faut toutefois pas punir le tiers du seul fait de la position de neutralité qu'il peut sembler adopter par son inaction, mais du fait que son inaction est une faute pénale. La limite est floue, mais cependant importante. En effet, condamner toute personne sur le fondement de sa neutralité empêche d'en rechercher les causes et d'adapter la répression à la réalité criminologique des tiers silencieux.

Le contexte du silence du tiers face à un acte de pédophilie passe d'abord par l'acte de pédophilie qu'il doit constater. Cet acte est commis au moyen d'un *modus operandi* non coercitif (Chapitre 1). Ensuite, le tiers se trouve face à l'obligation juridique de dénoncer les faits, obligation à laquelle il ne se plie pas toujours (Chapitre 2).

Chapitre 1.
Le modus operandi non coercitif des pédophiles

Certains pédophiles utilisent un *modus operandi* n'utilisant pas la contrainte. Ils placent leur victime sous leur influence grâce à un *modus operandi* spécifique (Section 1). Les conséquences pour la victime sont multiples (Section 2).

Section 1. Les spécificités du *modus operandi* non coercitif des pédophiles

La spécificité du *modus operandi* du pédophile n'utilisant pas de stratégies coercitives est de mettre sa victime sous son influence (§ 1) ce qui a pour conséquence de rendre inopérant juridiquement la notion de consentement (§ 2).

§ 1. La mise sous influence de la victime par le pédophile

Le pédophile est un agresseur sexuel dont les passages à l'acte ont de multiples caractéristiques (A), de plus, lorsqu'il n'utilise pas la contrainte, il utilise de façon récurrente sa position d'autorité et des stratégies manipulatoires subtiles afin de commettre l'acte pédophilique (B).

A. Le pédophile et son passage à l'acte en tant qu'agresseur sexuel

Les pédophiles sont des agresseurs sexuels ayant pour victimes des enfants. Ils peuvent choisir leur victime en fonction du sexe, de l'âge, de la proximité qu'ils ont avec elle. Le passage à l'acte ne s'exécute pas n'importe comment non plus, ils doivent choisir un lieu et un moment en adéquation avec leur but et avec la fonction qu'a le passage à l'acte pour eux. Le passage à l'acte n'est pas toujours prémédité par son auteur, il peut même s'imposer à lui. Le *rapport de recherche sur les agressions sexuelles* réalisé par C.Balier, A.Ciavaldini, M.Girard-Kahyat[47] de 1996 présente les caractéristiques principales des auteurs d'agressions sexuelles et de leur passage à l'acte et notamment, parmi eux, des pédophiles.

L'étude compare deux cohortes : des auteurs d'agressions sexuelles et des auteurs de violence en utilisant un questionnaire nommé QIPAAS (Questionnaire d'Investigation pour les Auteurs d'Agression Sexuelles). Les sujets sont recrutés parmi 18 centres de détention et services médico-psychologiques régionaux sur l'ensemble du territoire français. La cohorte des auteurs d'agressions sexuelles est composée de 176 agresseurs sexuels qui sont des personnes incarcérées pour des agressions sexuelles. La population témoin est composée de 32 personnes incarcérées pour des violences physiques non sexuelles. Pour les deux cohortes, les sujets sont du « tout venant » qui sont condamnés ou prévenus. 28% des sujets auteurs d'agressions sexuelles ont pour victime un adulte. 64% des sujets ont pour victime un mineur de 15 ans et pour 8% un mineur de 18 ans. Aussi, bien que non exclusivement axée sur la pédophilie, cette étude reste significativement portée sur des sujets ayant commis un acte de pédophilie. De toute façon, en tant qu'agresseurs sexuels, les pédophiles possèdent des caractéristiques inhérentes à ce groupe. Pour opérer certaines distinctions entre les sujets dans la cohorte d'auteurs d'agressions sexuelles, notamment pour distinguer les auteurs dont la victime est mineure de 15 ans, des catégories de

[47] BALIER (C.), CIAVALDINI (A.) et GIRARD-KAHYAT (M.), *Rapport de recherches sur les agressions sexuelles*, *op.cit.* L'intégralité des données présentées par la suite sont issue de cette étude.

sujets sont déterminées en fonction du droit pénal par les articles 222-22, 222-23, 222-25, 222-27, 222-28 à 222-30, 222-32, 222-33 tels qu'ils étaient en vigueur au 1 mars 1994 dans le nouveau Code pénal. Aussi les pédophiles sont parfois distincts des autres auteurs d'agressions sexuelles au sein de la même cohorte.

Dans cette étude, les auteurs d'agressions sexuelles ont une moyenne d'âge de 38,5 ans et ils sont de manière générale de sexe masculin. 93% des interrogés sont de nationalité française (pour environ 70% dans la population carcérale générale), 60% d'entre eux sont issus d'une catégorie socio-professionnelle d'employés ou d'ouvriers, 14% de cadres, 2% d'une catégorie agricole et 14% sont inactifs. A la date des faits qui leur sont reprochés 62% d'entre eux occupaient un emploi. Les auteurs d'agression sexuelle connaissent leurs victimes dans 71% des cas contre 6% dans la population témoin. Dans 30% des cas ils ont un lien de parenté avec leur victime, contre 3% dans la population témoin. Dans 35% des cas ils ont un lien d'autorité sur leur victime contre 3% pour la population témoin. Dans 70% des cas ils choisissent une victime du sexe féminin. Il y a, concernant le choix du sexe, pour les sujets ayant une victime mineure de 15 ans, une identification narcissique de l'auteur sur sa victime. L'agresseur mâle qui choisit un garçon n'est pas nécessairement homosexuel, cela relève de l'homo-érotisme, c'est à dire une identification narcissique de l'auteur à sa victime qui doit donc être de même sexe. Le passage à l'acte s'inscrit donc dans une démarche qui relève plus d'une réparation narcissique que d'un acte libidineux. Cependant, dans la plupart des cas il n'y a pas d'identification, mais une négation de la victime en tant que sujet, voir en tant qu'être humain. La victime est chosifiée. Les sujets ayant pour victime des mineurs de 15 ans ont un âge de préférence et celui-ci est inférieur à 15 ans. Ces sujets choisissent en majeur partie des garçons. Pour un tiers des agresseurs de mineur la victime a moins de 10 ans, pour les deux autres tiers la victime à moins de 15 ans. Concernant le choix de l'âge les auteurs notent qu'il y a une « adultification » de l'enfant ou une infantilisation de l'agresseur lui-même.

Sur l'*iter criminis*[48], un agresseur sur quatre a modélisé dans son esprit son futur passage à l'acte. Il s'agit pour ces agresseurs d'apparition d'« idées », de « pensées », d'« imagination » voir de « fantasmes » ou encore de « rêves » ou « sortes de rêve ». Il ne s'agit pas toujours pour le sujet de penser son passage à l'acte ou de l'envisager, mais simplement de penser l'acte en lui-même. Pour ces sujets ces pensées sont incontrôlables et s'imposent à eux. Elles sont automatiques voir systématiques. Ces pensées sont induites par des *stimuli* qui sont le plus souvent visuels, du type du voyeurisme. Il y a parfois une recherche implicite de ces *stimuli* : fréquentation des piscines par exemple. A cela s'ajoute le visionnage de films pédopornographiques notamment. La survenance de ces idées est favorisée par la consommation d'alcool. Les auteurs relèvent que ces pensées devraient avoir une fonction inhibitrice pour le sujet. Le sujet est en perdition de son moi, la victime objet représente ce que le moi du sujet à perdu. L'imagination a normalement un effet de catharsis, cependant pour les agresseurs sexuels l'« imagination produit dans ces cas un effet inverse et provoque une surchauffe excitative. Le sujet pour se soulager doit donc passer à l'acte. Cette imagination revient pour ces auteurs à tenter de cautériser une jambe de bois, cela ne la soulage pas, ça y met le feu ».

En ce qui concerne le passage à l'acte délictueux, dans 40% des cas, l'acte survient à un moment particulier de la vie de l'auteur tel qu'une rupture affective, un licenciement ou tout type de situation de changement important pour l'auteur. Dans un tiers des cas il y a une consommation d'alcool, dans 6% des cas il y a consommation de drogue. L'effet de groupe n'apparaît que pour, évidemment, les viols

---

48 Littéralement : cheminement criminel.

en réunion ce qui représente 6% des cas. Dans un cas sur deux, l'acte est déclenché par une impulsion. Ceci est moins vrai lorsque le sujet connaissait sa victime.

Concernant le passage à l'acte, la perception de l'agresseur est altérée dans 22% des cas. Il ne voit plus qu'une partie du corps de la victime, il voit la victime, mais pas l'acte qu'il est en train de commettre, il voit une personne différente de sa victime (l'auteur voit sa femme plutôt que sa belle-fille par exemple), etc. Il s'agit d'une réduction de la perception ou de quasi-hallucination c'est à dire une perception réelle d'une chose non réelle. Pour plus des deux tiers des sujets l'acte s'impose à eux. Il y a une abolition subjective. L'acte procure plusieurs types d'éprouvés psychiques : plaisir (59%), apaisement (78%), dégoût (58%), insatisfaction (25%). Lorsque parmi celles-ci deux réponses sont données le plus souvent il s'agit du mélange plaisir/apaisement (43%), puis apaisement/dégoût (21%). Les auteurs proposent donc l'hypothèse que le passage à l'acte est une forme de sauvegarde psychique pour son auteur, il se produit en situation d'urgence pour apaiser l'auteur. Pour 67% des sujets l'acte aurait pu être empêché du fait d'une intervention extérieure. « Il s'agit d'une forme de rejet de la faute. Ainsi « ma femme savait, mais elle n'a jamais rien fait ni dit » peut se traduire par une forme d'attente de l'auteur vis-à-vis de sa femme pour qu'elle l'empêche de nuire. Cette inaction est de nature complice dans la pensée de l'auteur ».

En ce qui concerne les caractéristiques de l'agression, dans 19% des cas le sujet a recherché un lieu particulier pour passer à l'acte, mais la recherche d'un lieu est plus opportuniste que stratégique. Les lieux privilégiés sont les chambres, les toilettes et les piscines. De manière générale, le lieu recherché à pour caractéristique d'être discret. Le choix du lieu ne relève pas d'une signification spécifique pour l'auteur. En ce qui concerne la temporalité du passage à l'acte, le processus de choix est le même. Dans 24% des cas les agresseurs agissent à une heure spécifique. Encore une fois il s'agit plus d'une question d'opportunité que d'une heure signifiante pour l'auteur. C'est donc la nuit qui est le moment privilégié pour passer à l'acte, pour une question de discrétion. Dans les familles « incestantes », des moments spécifiques sont privilégiés : le moment des soins, le moment de télévision. Les auteurs notent que la recherche de discrétion indique que les agresseurs savent l'anormalité de leur acte. La contrainte est rarement utilisée et quand elle l'est, elle est plutôt non-physique. Ainsi le haussement de ton, l'utilisation du rapport d'autorité, l'impératif verbal, la menace verbale sont privilégiés. Lorsqu'il y a violence physique, c'est le plus souvent suite au refus de la victime de se plier à la volonté de l'auteur exprimée via les procédés de violence non-physique. La dimension violente de l'acte n'est perçue que par 11% des auteurs d'agression sexuelle et seulement 1% disent que cette violence a compté dans leur excitation au moment de l'acte. La violence morale n'est pas plus repérée par l'agresseur.

Les pédophiles en tant qu'agresseurs sexuels agissent donc plutôt dans une optique d'apaisement de leur personne dont le moi est en perdition. Ils choisissent le lieu et le moment du passage à l'acte de manière à rester discrets. La violence est peu utilisée et elle n'est que rarement physique quand c'est le cas, mais plutôt morale. Ils sélectionnent plutôt leur victime dans leur entourage. La position d'autorité est fréquemment utilisée, pour la sélection de la victime comme pour le passage à l'acte, cette position d'autorité joue un rôle essentiel dans la non utilisation de contrainte.

B. La position d'autorité de l'auteur sur la victime dans la stratégie du passage à l'acte

La plupart du temps le pédophile a une position d'autorité sur sa victime. Cette position signifie que l'enfant doit obéissance à l'agresseur. Cette position d'autorité existe quasiment nécessairement en raison de la différence d'âge entre l'enfant et l'adulte. Culturellement en France l'enfant doit obéissance et respect à ses aînés, « on a appris à l'enfant à se méfier des étrangers, mais simultanément, à être obéissant et affectueux avec tout adulte qui s'occupe de lui »[49]. Mais la position d'autorité peut être plus importante que due à une simple différence d'âge. Il peut s'agir d'un parent, d'un professeur, d'un coach sportif, etc. Dans ce cas la relation de l'enfant et de l'adulte est basée sur une relation d'autorité qui est factuelle et établie. Les parents ont autorité sur leurs enfants, les professeurs ont autorité sur leurs élèves, etc. Le pédophile utilise alors cette position d'autorité d'une multitude de manières dans le but volontaire ou non d'abuser de l'enfant. Dans le cas de Sophie par exemple l'auteur des abus est le mari de sa nourrice, un pédophile extra-familial donc. Il en avait la responsabilité en tant qu'adulte et mari de la nourrice et avait donc autorité sur elle. L'article *les agresseurs sexuels qui travaillent avec des personnes d'âge mineur : gagner la confiance et la coopération de la victime lors de la réalisation du délit* Par B. Leclerc et J. Proulx[50] montre les stratégies utilisées par les agresseurs sexuels qui travaillent avec des mineurs. Ceux-ci gagnent la confiance de leur victime avant de gagner leur coopération à l'activité sexuelle.

Cette étude porte sur un échantillon restreint de 23 participants, elle est basée sur l'autorévélation, mais en cas de divergence entre les informations fournies par la personne et les informations contenues dans le dossier de la police se sont celles de la police qui sont retenues. Les participants sont des agresseurs sexuels qui travaillaient avec les enfants au moment des gestes. Cette étude démontre « que le mode opératoire des agresseurs sexuels qui travaillent avec des personnes mineures est lié à la position d'autorité qu'ils ont

---

[49] *Les enfants victimes d'abus sexuels*, Presses Universitaires de France, Puf, 1992, p. 70

[50] LECLERC (B.) et PROULX (J), *Les agresseurs sexuels qui travaillent avec des personnes d'âge mineur : gagner la confiance et la coopération de la victime lors de la réalisation du délit*, Forensic numéro spécial, mai 2005

par rapport à la victime »[51]. D'après les auteurs la position d'autorité sur la victime détermine le *modus operandi*, aussi d'autres relations d'autorité qui ne seraient pas de nature professionnelle peuvent être concernées. Par exemple, l'agresseur de Sophie est le mari de sa nourrice, lui-même n'est pas un professionnel de l'enfance, mais travaillait dans l'aéroportuaire[52]. Sa position d'autorité n'est pas de nature professionnelle à proprement parlé, mais connexe à la position d'autorité qu'avait sa femme sur Sophie.

Les auteurs de cette étude relèvent deux grandes étapes : gagner la confiance de la victime puis gagner la coopération de la victime dans les activités sexuelles.

Dans un premier temps l'agresseur gagne la confiance de sa victime. La relation d'autorité est avant tout un contexte. Dans ce contexte l'agresseur n'est pas une menace pour l'enfant. Il est naturellement une personne de confiance, puisqu'il s'occupe de l'enfant et répond à ses besoins. L'enfant se réfère à lui dans le cadre de ce contexte. Ce contexte permet donc à l'agresseur et à l'enfant de nouer une relation. Sa présence auprès de l'enfant est naturelle et constante. Le contexte d'autorité sur l'enfant établi par lui-même un contrat de confiance qui facilite le reste des actions de l'agresseur voir les rend légitimes. Les réponses au *Modus Operandi Questionnaire* (MOQ) complété par tous les participants révèlent les différentes stratégies utilisées afin de gagner la confiance de la victime :

- Passer beaucoup de temps avec la victime (technique utilisé par 95,6% des participants)
- Donner beaucoup d'attention (95,6)
- Toucher de façon non sexuelle (91,3%)
- Dire des choses personnelles (78,2%)

[51] *Ibid*

[52] Interview de Sophie, Annexe 1 : « Je sais seulement qu'il travaillait dans l'aéroportuaire mais d'aussi loin que je puisse me souvenir je l'ai toujours connu en arrêt maladie (quelque chose en rapport avec son dos). »

- Dire à quel point elle est spéciale (69,5%)
- Traiter la victime en adulte (69,5%)
- Faire croire qu'elle peut se sentir en confiance avec vous (69,5%)
- Jouer avec elle (69,5%)
- Faire ce qu'elle aime faire (65,2%)
- Dire des mots tendres et attentionnés (65,2%)
- La laisser décider de ce que vous ferez ensemble (52,1%)

Nous relevons plusieurs types de stratégies parmi celles-ci. Le premier type de stratégie sert à démontrer l'implication de l'agresseur dans sa relation avec la victime. Il s'agit de « passer beaucoup de temps avec la victime », « donner beaucoup d'attention » et « toucher de façon non sexuelle ». Le deuxième type de stratégie sert à surélever et valoriser la relation de l'agresseur et de sa victime. Il s'agit de « dire à quel point elle est spéciale », « traiter la victime en adulte », « faire croire qu'elle peut se sentir en confiance avec vous » et « dire des mots tendres et attentionnés ». Le dernier type de stratégie sert à impliquer la victime dans sa relation avec l'auteur. Il s'agit de « dire des choses personnelles », « jouer avec elle », « faire ce qu'elle aime faire », et « la laisser décider de ce que vous ferez ensemble ». L'addition de ces stratégies permet le gain de la confiance de la victime envers l'agresseur. La victime perçoit l'agresseur comme impliqué dans une relation valorisée et valorisante qui implique la victime elle-même.

Ces stratégies font évoluer le premier contexte d'une position d'autorité vers un nouveau contexte de relation affective qui permet de passer à la seconde étape qui est de gagner la coopération de la victime lors des activités sexuelles.

Le type de pédophile de cette étude n'use pas de stratégies coercitives, mais manipulatoires et subtiles. Gagner la coopération de la victime à l'acte sexuel permet de ne pas utiliser la contrainte. Elle est dans ce cas tout à fait inutile, au contraire, elle pourrait rendre difficile la reproduction de l'acte ultérieurement. Ainsi le pédophile va amener progressivement sa victime à coopérer à une activité sexuelle en la désensibilisant. Les réponses au MOQ complété par tous les participants révèlent les différentes stratégies utilisées afin de gagner la coopération de la victime lors des activités sexuelles :

- Donner de l'attention non sexuelle (technique utilisée par 100% des participants)
- Toucher de façon non sexuelle (95,6%)
- Dire des choses gentilles à son sujet (82,6%)
- Toucher graduellement de façon sexuelle (82,6%)
- Dire des mots tendres et attentionnés (69,5%)
- Rendre la victime excitée sexuellement (65,2%)
- Parler de plus en plus de sexualité (60,8%)
- Commencer un contact sexuel comme si ce n'était pas grave (60,8%)
- Rendre la victime curieuse au sujet de la sexualité (60,8%)

Nous relevons encore une fois plusieurs types de stratégies différents. Cependant, ici le contexte est différent. Aussi certaines stratégies utilisées pour gagner la coopération de la victime lors des activités sexuelles sont les mêmes que certaines stratégies utilisées pour gagner la confiance de la victime (« toucher de façon non sexuelle » par exemple). Mais dans ce contexte différent, elles n'ont pas exactement la même fonction. Le premier type de stratégie sert à progresser graduellement vers l'acte sexuel. Il s'agit de « toucher graduellement de façon sexuelle » et « commencer un contact sexuel comme si ce n'était pas grave ». Le deuxième type de stratégie sert à rassurer la victime et la maintenir dans l'état de confiance et d'affection que le pédophile a déjà acquis lors de la précédente étape. Il s'agit de « donner de l'attention non sexuelle », « toucher de façon non sexuelle », « dire des choses gentilles à son sujet » et « dire des mots tendres et attentionnés ». Le troisième type de stratégie sert à impliquer la victime dans l'activité sexuelle et à la préparer à une telle activité. Il s'agit de « rendre la victime excitée sexuellement », « parler de plus en plus de sexualité » et « rendre la victime curieuse au sujet de la sexualité ». L'addition de ces stratégies permet le gain de la coopération de la victime lors des activités sexuelles. La victime est amenée progressivement et sans violence à avoir une activité sexuelle avec le pédophile. Le processus n'est que peu inquiétant et implique la victime dans l'activité. Ainsi l'escalade vers l'abus n'est pas nécessairement perçue par la victime.

Ce *modus operandi* est donc progressif. La position d'autorité permet d'évoluer vers une relation de confiance. Cette relation de confiance permet d'évoluer vers une activité sexuelle. Il semble que les techniques manipulatoires utilisées ont de nombreux points communs avec la théorie de l'engagement de Kiesler, Joule et Beauvois. La victime étant impliquée dans la relation avec le pédophile il est plus difficile pour elle de dire non. D'après la théorie de l'engagement lorsqu'il est dit oui une première fois à une activité peu coûteuse, les chances d'obtenir un oui à une activité plus coûteuse par la suite son accrue. C'est la technique du « pied dans la porte ». Ainsi obtenir l'assentiment de la victime aux prémices d'une activité sexuelle par le fait de lui parler de sexualité ou l'exciter sexuellement facilitera l'obtention de sa coopération lors de cette activité qui plus est si l'activé sexuelle est amenée graduellement. La victime peut également se retrouver dans un piège abscons. Un piège abscons est cette tendance à la persévérance dans un cours d'action, même lorsque celui-ci devient déraisonnablement coûteux. Si le pédophile commence un contact sexuel comme si ce n'était pas grave et touche graduellement de façon sexuelle alors la victime qui n'a pas refusé immédiatement le contact aura plus de mal à le refuser par la suite. C'est notamment en cela que ces stratégies sont manipulatoires.

Le contexte de relation d'autorité sur la victime apporte au pédophile d'autres outils que le panel des stratégies spécifiques vues précédemment. Le fait de passer beaucoup de temps auprès de la victime permet de l'isoler afin de commettre l'abus. L'isolement peut être légitimé par la position d'autorité, par exemple un professeur demandant à un élève de rester après le cours. La personne qui a autorité sur l'enfant peut être amenée naturellement à rester seule avec lui. Puisqu'elle s'occupe de l'enfant, il n'est pas nécessaire que les parents soient présents ou qu'une autre personne pouvant avoir l'autorité sur l'enfant soit présente. Le contexte dans lequel existe cette relation d'autorité éloigne naturellement l'enfant des autres personnes avec lesquelles il existe une relation d'autorité sur elle. En isolant sa victime, le pédophile peut mettre en place ses stratégies servant à gagner la confiance de sa victime. La relation d'autorité sur la victime peut apporter en plus de l'isolement de la victime des occasions de rapprochement physique. Par exemple un coach sportif lors de la douche, une sortie scolaire impliquant des dortoirs, etc. A cette occasion le pédophile pourra user des stratégies pour gagner la coopération de sa victime lors d'activités sexuelles. Guillaume Brie fait le portrait de Philippe V. un animateur culturel condamné à 18 de réclusion criminelle pour viol sur mineur de 15 ans par ascendant ou personne ayant autorité[53]. Philippe V. avait un *modus operandi* proche de celui décrit. Il amenait des enfants en voyage, il était alors la seule personne responsable d'eux et participait avec eux a des « jeux sexuels » qui étaient d'abord « sensuels » le soir dans leurs chambres.

---

[53] BRIE (G.), *Des pédophiles derrière les barreaux*, L'Harmattan, 2014, p. 31

§ 2. Le consentement : notion inopérante à l'égard des victimes de pédophile n'utilisant pas la contrainte

Dans le cas d'un pédophile n'utilisant pas la contrainte se pose un problème au niveau du consentement. En effet, rien à l'évidence ne permet de dire immédiatement que l'enfant n'était pas consentant aux relations sexuelles. Mais en réalité ce consentement est biaisé (A). Il a donc fallu écarter la notion de consentement en ce qui concerne les relations sexuelles entre un mineur et un adulte (B).

A. Le consentement biaisé de la victime mineure lors de l'activité sexuelle

Les stratégies manipulatoires et subtiles qu'utilisent certains pédophiles amènent leur victime à participer à l'acte sexuel sans utiliser la violence. Cependant cela ne signifie pas que la victime est consentante à l'acte. Il ne peut y avoir de consentement sans discernement et l'enfant n'est pas équipé pour discerner ce qu'est l'acte sexuel. Il n'y a pas non plus consentement si celui-ci est extorqué ou obtenu par des manœuvres dolosives. Si consentement il y a, ce n'est pas à l'acte sexuel, car celui-ci n'est pas perçu comme tel par l'enfant qui se trompe sur les intentions du pédophile comme le pédophile peut se tromper sur les intentions de l'enfant.

L'enfant a un besoin naturel de tendresse et d'affection. Pour son développement il a besoin d'être protégé, mais également de se sentir pris en compte. Comme vu précédemment le pédophile apporte à l'enfant sa protection, son écoute, lui consacre du temps, s'occupe de lui et pourvoit à ses besoins. La relation entre l'enfant et le pédophile peut s'en trouver renforcée lorsque l'enfant est en carence affective dans sa famille. Leur relation sera dans ce cas plus forte, mais également plus facile à établir pour le pédophile. La plupart des victimes ont une fragilité qui ont fait d'elles des proies faciles. Sophie par exemple, sans forcément parler de carence, manquait d'attention au sein de sa famille : « on pourrait qualifier la relation de « normale » hormis peut-être un manque d'attention de leur part du fait des voyages récurrents de mon père pour plusieurs jours durant et des horaires prenants de ma mère »[54]. Dans beaucoup de cas, la victime est également bien trop jeune pour savoir ce qu'est le sexe, ses moyens, ses fonctions, ses buts. Le pédophile, lui, est un adulte bien que certains profils soient de type régressif. En tout cas, il peut avoir des besoins sexuels voir des carences sexuelles que l'enfant n'a pas puisqu'il est enfant. Dans le cadre de leur relation, les besoins affectifs de l'enfant vont finir par percuter les besoins sexuels de l'adulte. Ce dernier va confondre les deux. Ainsi il va passer d'actes « innocents » de contacts avec l'enfant à des actes sexuels. Si dans certains cas il a pu se poser une limite, cette limite devient floue et il ne sait pas forcément s'il l'a franchi au cours de l'acte, ne discernant lui-même plus ce qui est de l'ordre du sexuel. Dans d'autres cas, le pédophile peut percevoir les besoins affectifs de l'enfant comme étant des besoins sexuels et y pourvoit alors en connaissance de cause. Dans ces cas les pédophiles se justifient en se disant devoir répondre aux besoins de l'enfant, quels qu'ils soient. Ils se placent en éducateur. Dans ce cas, ils prêtent une sexualité à l'enfant, sexualité qui n'existe pas, qui est en tout cas fantasmée par les pédophiles ou qui n'est qu'une projection de leur propre sexualité.

De nombreux pédophiles prêtent des intentions sexuelles à leurs victimes. Il s'agit d'arguments courant de la rhétorique pédophilique. Dans le cas de Philipe V. vu précédemment, ce dernier dit s'être fait inviter dans des jeux sexuels que pratiquaient les enfants. Une sexualité est prêtée aux enfants et surtout un consentement voire une invitation.

---

[54] Interview de Sophie, Annexe 1

André Gide a été un fervent défenseur de la cause pédophile à travers ses œuvres littéraires. « Plaider la cause des amours pédérastiques c'est avant tout, pour Gide, vouloir « le plaisir [...] face à face, réciproque et sans violence ». La pédérastie n'est donc pas conçue comme un abus, mais comme un rapport, elle suppose consentement et réciprocité et non instrumentalisation du corps de l'autre à des fins égoïstes »[55]. La pédophilie connaît à la suite de Gide dans les années 70 un mouvement de libération à la rhétorique huilée soutenant la thèse que les enfants ont une sexualité et peuvent être consentants aux relations sexuelles[56]. La psychanalyse de Freud appuie leurs propos avec notamment le développement de théories sur la sexualité infantile. Les pédophiles se joignent d'abord aux homosexuels dans leur quête de la reconnaissance des « sexualités autres ». Ils se placent en éducateurs sexuels pour les enfants et se dissocient des pédophiles violents. En effet les pédophiles usant de cette rhétorique sont des pédophiles n'usant pas de stratégies coercitives ou violentes. Gabriel Matzneff cité par Anne-Claude Ambroise-Rendu dit à ce sujet : « de temps à autre un mari assassine sa femme. Cet incident fâcheux ne remet pas en cause, dans l'esprit des bourgeois, l'institution du mariage. Ce n'est pas parce qu'un malade mental étrangle de temps à autre un petit garçon que ces mêmes bourgeois sont autorisés à faire porter le chapeau à tous les pédérastes et priver leurs enfants de la joie d'être initiés au plaisir, seule éducation sexuelle qui ne soit pas un mensonge et une foutaise »[57].

L'enfant se trompe également sur ce que sont les besoins sexuels de l'adulte. Sans la connaissance nécessaire à la compréhension des actes, l'enfant perçoit les actes sexuels qui sont commis sur lui comme des actes d'affections. Un enfant

---

[55] AMBROISE-RENDU (A-C.), *Histoire de la pédophilie XIXème – XXIème siècle, op.cit*, p. 114

[56] *Ibid*, p. 163 et suivant. Ce passage correspond au chapitre 7 nommé : « les seventies et la plaidoirie pédophilie ».

[57] *Ibid*, p. 179

dit par exemple « papa m'aime trop » à sa mère. L'enfant victime d'abus par son père dans ce cas parle d'amour croyant que les abus qu'il subit son dus à l'amour qu'a ce père pour lui. Dans le cas de Sophie, celle-ci ne comprendra qu'il se passe quelque chose d'anormal qu'a l'âge de neuf ans : « Je ne crois pas avoir compris que quelque chose n'était pas « normal » jusqu'à très tard (9 ans) »[58]. Cette phrase sous-entend que Sophie trouvait « normale » sa relation avec l'auteur avant d'en comprendre la teneur. Sans compréhension de la situation, il devait s'agir pour elle d'actes d'affections normaux qu'ont les gens entre eux ou en tout cas qu'il est normal qu'elle ait avec l'auteur dans le cadre de leur relation. Puisqu'elle ne savait rien de l'anormalité de ces gestes, elle n'était pas équipée intellectuellement ni pour s'y opposer ni pour y consentir librement.

Au sujet du consentement de l'enfant victime Mme P. dit que : « il est faux de dire qu'un enfant n'est pas consentant. Ils ne sont pas éclairés, avisés, matures, mais ils sont consentants. Simplement ils ne savent pas à quoi. C'est à l'adulte de poser l'interdit, ce qui fait que, quand il ne le fait pas, il est un délinquant, un criminel »[59]. Son point de vue diffère légèrement du nôtre, car elle dit que le consentement existe, bien que l'enfant ne sache pas à quoi il consent. Bien que proche de la nôtre, cette idée nous semble fausse. Elle reviendrait à dire que l'enfant fait un blanc-seing à l'adulte qui peut alors tout se permettre, mais le droit lui impose de « poser l'interdit ». Ce n'est cependant pas le cas, car comme nous le verrons ultérieurement, l'enfant abusé ressent une trahison de la part de l'adulte qui l'abuse. Cette trahison vient du fait que ce n'était pas à cela que l'enfant avait consenti et que l'adulte a alors trahi la confiance que sa victime lui avait accordée. Ce consentement que donne l'enfant n'en est donc pas un contrairement à ce que pense Mme P.

---

[58] Interview de Sophie, Annexe 1

[59] Rapport d'entretien avec Mme P., Annexe 2

Comme vue précédemment le pédophile gagne la coopération de la victime lors d'activités sexuelles. Cette coopération est « gagnée » grâce à des stratégies manipulatoires et subtiles. Elle ne réside pas dans l'expression de la volonté de l'enfant. Cette volonté est d'ailleurs toute relative. La manipulation est l'emprise exercée par une personne sur une ou plusieurs autres dans le but de contrôler leurs actions et leurs sentiments. Le pédophile manipule sa victime, il contrôle à ce titre ses actions et ses sentiments. Comme le dit Sendor Ferenczi, il s'agit d'une sorte d'« escroquerie morale »[60] analogue à l'escroquerie telle que prévue par l'article 313-1 du CP. L'infraction d'escroquerie protège le consentement, car les actes qui y sont incriminés portent atteinte à cette valeur. Le *modus operandi* spécifique du pédophile usant de stratégies non coercitives, d'une manière assez analogue, porte atteinte au consentement, le biaise, le rend apparent, mais n'existe qu'en apparence. Ainsi il est possible de penser l'acte pédophilique comme s'il s'agissait d'une escroquerie au sens de l'article 313-1 du CP : la pédophilie est le fait « soit par l'abus d'une qualité vraie [...] soit par l'emploi de manœuvres » non coercitives, subtiles et manipulatoires « de tromper une personne physique » mineure « et de la déterminer ainsi, à son préjudice [...] à fournir un service » sexuel « ou à consentir à un acte » sexuel. En réalité le consentement n'est ni libre ni éclairé. Un tel consentement n'existe donc pas, car il ne porte pas sur le même objet pour « les deux parties contractantes ».

Aussi, la thèse des pédophiles qui veut que les enfants aient une sexualité nous paraît fausse, car cette sexualité est une projection, un fantasme du pédophile sur l'enfant. La thèse de Mme P. nous paraît également fausse, car si l'enfant ne sait pas à quoi il consent, c'est qu'il n'y consent pas. Le consentement est donc un problème lorsqu'il s'agit de pédophilie non violente. En effet, avant 1832 le non-

---

60 CEDILE (G.), *La pédophilie les leçons du procès d'Outreau, op.cit*, p. 53

consentement de l'enfant victime, comme d'un adulte victime, devait être caractérisé pour caractériser l'infraction de viol ou d'attentat à la pudeur avec violence. En effet la pensée non éclairée par la criminologie qui régnait à l'époque pouvait se résumer en ce syllogisme :

- Celui qui n'est pas consentent à un acte sexuel s'en défend.
- Ors celui qui se défend d'un acte sexuel en garde des traces.
- Donc celui qui ne porte pas de traces de défense était consentant à l'acte sexuel.

Dans ce syllogisme la première proposition est fausse. Aussi la condition de consentement, puisqu'elle ne peut être nécessairement prouvée, a été écartée par le droit.

B. Inapplication du concept de consentement dans le cas des mineurs de 15 ans

Puisque le non-consentement de l'enfant victime peut ne pas être prouvé et au contraire fallacieusement déduit, le droit s'est vu obligé de trouver un autre moyen de condamner les pédophiles n'utilisant pas la contrainte qui échappaient, grâce à cette faille, à la justice. Comme c'est la preuve du consentement qui posait problème, il suffisait d'évacuer cette notion et de condamner les pédophiles sur un autre fondement que celui de l'utilisation de violence, menace, contrainte ou surprise. Le droit a donc imposé un seuil d'âge à partir duquel il est interdit pour un majeur d'avoir une relation sexuelle avec un mineur, qu'il y ait eu consentement ou non de la part de la victime. De plus l'âge de la victime tend à faire présumer la contrainte exercée par l'auteur sur la victime ce qui revient à présumer le non-consentement à l'acte et donc rendre le consentement quasiment inutile.

La loi de 1832 instaure l'attentat à la pudeur sur les moins de 11 ans (limite d'âge qui passera à 13 en 1863 et à 15 en 1945). Auparavant le Code pénal de 1810 ne prévoyait que des aggravations des sanctions prononcées contre les coupables de viol et d'attentats à la pudeur avec violence sur mineur de 15 ans. Cependant la spécificité criminologique de la pédophilie n'était pas prise en compte dans ce mode de répressions. En effet il n'y a pas toujours violence, et l'absence de consentement n'était pas forcément démontrable. Le Code pénal de 1810 a créé une situation ou « trop de légalité tue la légalité »[61]. Quand la violence n'est pas démontrable alors qu'elle est exigée par la loi, il n'y a pas de condamnation possible. Ainsi en 1830 « le taux d'acquittement des accusés de viol et d'attentat à la pudeur atteint même 40% des affaires »[62]. C'est pourquoi l'attentat à la pudeur est créé pour évacuer la notion de consentement. Il n'est plus nécessaire de rechercher l'absence de consentement à l'acte pour caractériser l'infraction, le seul âge du mineur le rend victime. « Le nouveau critère d'évaluation du crime n'est plus la violence, mais désormais l'âge de la victime. Son consentement n'a plus à être interrogé puisque l'enfant devient une victime du fait de son âge, quelle que soit la brutalité de son agression »[63]. Cependant en pratique la question du consentement n'est pas réellement évacuée. Il y a des enquêtes de moralité sur la victime et son discernement est questionné. Ceci vient du fait que la loi de 1832 prévoit également que les circonstances atténuantes doivent désormais s'appliquer à tous les crimes. Si la victime était consentante, il y avait alors une réduction de peine. A l'époque, les jurés populaires avaient tendance à acquitter l'auteur plutôt que de lui infliger une peine trop lourde (tels que les peines afflictives). Cette disposition sur les circons-

61 AMBROISE-RENDU (A-C.), *Histoire de la pédophilie XIXème – XXIème siècle, op.cit*, p. 18

62 *Ibid*, p. 19

63 *Ibid*, p. 26

tances atténuantes devait permettre de rompre avec cette tendance. Les circonstances atténuantes relativisent donc le caractère inopérant du consentement de la victime dans l'attentat à la pudeur sur mineur de 11 ans. Lorsqu'aucune trace de violence n'est retrouvée sur le corps de l'enfant, les acteurs du procès pouvaient alors en déduire son consentement et lui donner une conséquence juridique alors même que le but de l'attentat à la pudeur était de faire disparaître cette notion précisément dans ces cas de figure.

La loi du 13 mai 1863 (passant le seuil de minorité de l'attentat à la pudeur à 13 ans) suscite de nouvelles interrogations sur la notion de consentement. Dans *théorie du Code pénal* A. Chauveau et F. Hélie émettent cette réflexion : « on doit applaudir à la pensée morale qui, pour protéger l'enfance contre d'odieux attentats, vient en prolonger la durée [mais] il faut prendre en garde que plus on approche de l'âge nubile et plus il y a lieu de craindre que la volonté ne vienne contredire la présomption de contrainte morale qui est l'élément du délit »[64]. Plus le seuil de minorité est élevé plus il y a de chance que la relation fût réellement consentie entre l'auteur et le mineur. La pertinence du seuil fixé par la loi du 13 mai 1863 est donc remise en question.

La notion de consentement reste très utilisée par les accusés et avec succès notamment à une période ou la crédibilité de la parole des enfants est très largement remise en cause (comme exposé ultérieurement). Le consentement finit par être réellement évacué vers la moitié du XXème siècle avant de revenir dans le débat public via les intellectuels soutenant la suppression des lois sur le seuil de minorité afin de permettre aux adultes d'avoir des relations sexuelles mutuellement consenties avec les enfants dans le contexte de la libération des mœurs de 1970. Ils demandent la suppression de ce seuil d'âge en dessous duquel toute relation sexuelle avec un majeur est prohibée. La loi du 23

---

[64] *Ibid*, p. 27. L'auteur cite CHAUVEAU (A.) et HÉLIE (F.), *théorie du code pénal*, p. 293

décembre 1980 ajoute la notion d'abus (notion avancée par les détracteurs de la cause pédophile). L'article 331-1 de l'ancien CP était ainsi rédigé : « Tout attentat à la pudeur sur la personne d'un mineur âgé de plus de quinze ans et non émancipé par le mariage, commis ou tenté, sans violence ni contrainte ni surprise, par un ascendant légitime, naturel ou adoptif de la victime ou par une personne ayant autorité sur elle, ou encore par une personne qui a abusé de l'autorité que lui confèrent ses fonctions, sera puni d'un emprisonnement de six mois à trois ans et d'une amende de 2 000 francs à 20 000 francs ou l'une de ces deux peines seulement. ». Aujourd'hui la question des atteintes sexuelles sans consentement sont régie par l'article 227-25 du CP qui prévoit l'interdiction des atteintes sexuelles sur mineur de 15 ans sans violence, contrainte, menace ou surprise de la part de majeur. Les peines prévues sont 5 ans d'emprisonnement et 75 000 € d'amende. L'article 227-26 du CP prévoit des circonstances aggravantes à cette infraction qui sont :

« 1° Lorsqu'elle est commise par un ascendant ou par toute autre personne ayant sur la victime une autorité de droit ou de fait ; 2° Lorsqu'elle est commise par une personne qui abuse de l'autorité que lui confèrent ses fonctions ; 3° Lorsqu'elle est commise par plusieurs personnes agissant en qualité d'auteur ou de complice ; 4° lorsque le mineur a été mis en contact avec l'auteur des faits grâce à l'utilisation, pour la diffusion de messages à destination d'un public non déterminé, d'un réseau de communication électronique ; 5° Lorsqu'elle est commise par une personne agissant en état d'ivresse manifeste ou sous l'emprise manifeste de produits stupéfiants ». L'infraction est alors punie de 10 ans d'emprisonnement et de 150 000 € d'amende. Enfin l'article 227-27 du CP prévoit une interdiction des atteintes sexuelles sur mineur de plus de 15 ans sans violence, contrainte, menace ou surprise par un ascendant ou par toute autre personne ayant sur la victime une autorité de droit ou de fait ou lorsque l'atteinte sexuelle a été commise par une personne qui abuse de l'autorité que lui confère ses fonctions.

Cette infraction est punie de 3 ans d'emprisonnement et de 45 000 € d'amende. Ces infractions sont donc les héritières de l'attentat à la pudeur sans violence. Dès lors que la victime est mineuse de 15 ans, toute relation sexuelle avec un majeur est interdite par la loi quand bien même elle serait consentie. C'est ce qui définit ce qui s'appelle communément la majorité sexuelle c'est-à-dire l'âge à partir duquel un majeur peut avoir une relation sexuelle mutuellement consentie avec un mineur sans commettre une infraction pénale. Cette majorité est donc fixé à 15 ans, mais elle n'est pas absolue, puisque l'article 227-27 prohibe certains cas où la victime est mineuse de plus de 15 ans en fonction des qualités de l'auteur.

Les autres infractions sexuelles comme le viol ou les agressions sexuelles[65] restent axées sur la question du consentement. L'exigence de prouver la violence que posent les textes induit que les actes sexuels non violents ne sont pas compris dans leur champ d'application. Plutôt que modifier ces infractions pour en élargir le champ d'application, la création d'infractions sexuelles non violentes permet donc de créer un second champ d'incrimination périphérique pénalisant les actes sexuels non-violent sur mineur de 15 ans. L'obligation de caractériser la violence est remplacée par l'obligation de prouver que la victime est mineure de 15 ans ce qui est infiniment plus simple. Si la violence, contrainte, menace ou surprise ne peut être prouvée alors il ne s'agit plus d'une agression sexuelle ou d'un viol, mais d'une atteinte sexuelle. Ceci est un choix de politique pénale arbitraire. Il est considéré légalement qu'un adulte ne peut avoir de relation sexuelle mutuellement consentie avec un enfant avant ses 15 ans. En contrepartie, ceci n'interdit pas

---

[65] L'article 222-22 du CP alinéa 1 prévoit que : « constitue une agression sexuelle toute atteinte sexuelle commise avec violence, contrainte, menace ou surprise ».

les relations sexuelles entre mineurs. Ils sont une catégorie sexuelle à part puisqu'ils ne peuvent avoir de relations sexuelles qu'entre eux[66]. Ce choix d'imposer un seuil vis-à-vis des adultes, bien qu'arbitraire, nous paraît donc légitime (car protecteur), efficace (car caractériser l'infraction est simple), et permet aux enfants qui sont « en avance » de découvrir la sexualité avec un partenaire lui aussi mineur ce qui favorise les chances qu'ils soient sur un pied d'égalité dans cette relation.

L'évacuation du consentement va désormais plus loin puisqu'elle s'immisce dans les agressions sexuelles et le viol alors que précisément les atteintes sexuelles sont là pour éviter cela. L'article 222-22-1 du CP créé par une loi du 8 février 2010 prévoit que : « la contrainte prévue par le premier alinéa de l'article 222-22 peut être physique ou morale. La contrainte morale peut résulter de la différence d'âge existant entre une victime mineure et l'auteur des faits et de l'autorité de droit ou de fait que celui-ci exerce sur cette victime ». Du fait de cet article, la contrainte, qui prouve qu'il n'y a pas eu consentement de la part de la victime, peut être caractérisée par une seule différence d'âge existant entre l'auteur et la victime et de l'autorité qu'exerce l'auteur sur la victime. Comme il est précisé dans la décision n° 2014-448 QPC du 6 février 2015[67], le juge peut apprécier le caractère contraignant de cet état de fait ainsi que le discernement de l'enfant. Mais, comme le dit Marie-Louise Fort, rapporteur du projet de loi à l'Assemblée nationale : « avec la rédaction proposée, la quasi-totalité des actes incestueux commis sur un mineur seront réputés commis sous l'emprise d'une con-

---

66 IACUB (M.), *Le crime était presque sexuel et autres essais de casuistique juridique*, Champs Flammarion, 2002, p. 93 : « les personnes handicapées mentales et les mineurs, réputés incapables d'exprimer un consentement valable aux actes sexuels, ont été inscrits dans ces espaces normatifs locaux. » Ils ne peuvent avoir de relation sexuelle qu'entre eux.

67 L'article 222-22-1 résultant de la loi n° 2010-121 du 8 février 2010 a résisté à cette QPC

trainte et seront qualifiés en viol ou agression sexuelle et non en atteinte sexuelle sans violence, menace, contrainte ni surprise »[68].

Présumer la contrainte et donc le non-consentement de la victime du fait d'une seule différence d'âge permet de faire passer des situations relevant de l'atteinte sexuelle dans le champ des agressions sexuelles ou des viols et ainsi aggraver la répression des faits. L'article 222-22-1 ne supprime pas la notion de consentement, mais la contourne. Cette méthode pour rendre inopérant la notion de consentement s'inscrit dans la continuité d'un arrêt du 7 décembre 2005 de la chambre criminelle jugeant que « l'état de contrainte ou de surprise résulte du très jeune âge des enfants qui les rendait incapables de réaliser la nature et la gravité des actes qui leur étaient imposés »[69]. Cette jurisprudence présume du jeune âge de la victime son incapacité au discernement et présume donc l'état de contrainte qui en résulte afin de caractériser les faits en agression sexuelle et non atteinte sexuelle. Si cette présomption devenait automatique, les atteintes sexuelles ne seraient plus utiles. En effet, même si l'enfant se dit consentant (la présomption renverse la charge de la preuve, donc si l'auteur prouve, notamment par les propos de l'enfant, que celui-ci était consentant alors la contrainte ne serait pas caractérisée) qu'elle serait la valeur de sa parole puisque cet enfant est présumé incapable de discernement du fait de son jeune âge ? Toutefois ce système n'est pas automatique, car le juge reste libre d'apprécier au fond le discernement de l'enfant. L'article 222-22-1 par le mot « peut » n'impose pas au juge de présumer la contrainte morale par la différence d'âge. Cette technique juridique n'a vocation qu'à s'appliquer

---

[68] *Rapport sur la proposition de loi visant à identifier, prévenir, détecter et lutter contre l'inceste sur les mineurs et à améliorer l'accompagnement médical et social des victimes*, Assemblée nationale, XIIIème législature, n° 1601, 8 avril 2009.

[69] Cour de cassation, chambre criminelle, 7 décembre 2005, n° de pourvoi 05-81316

aux enfants particulièrement jeunes, toutefois elle rend parfaitement inopérante la notion de consentement.

Le droit s'est donc défait de la notion de consentement en ce qui concerne les enfants afin qu'il ne soit jamais permis d'avoir des relations sexuelles mutuellement consenties en apparence avec eux, car le consentement qu'ils peuvent donner n'en est pas un. En ce qui concerne les mineurs, la nonotion de consentement ne permet plus à un pédophile de s'en sortir aussi facilement qu'auparavant lorsqu'il utilise des stratégies manipulatoires, subtiles et non coercitives grâce aux atteintes sexuelles sans violence, menace, contrainte ni surprise. Cela d'autant plus que la division entre atteinte sexuelle et agression sexuelle tend à s'estomper du fait de la définition que revêt la contrainte morale.

Section 2. Les conséquences de l'acte de pédophilie sur le comportement de la victime et du tiers

L'abus sexuel sur l'enfant victime à des effets sur lui (§ 1), mais également pour le tiers (§ 2).

§ 1. Les conséquences de l'acte de pédophilie pour la victime

L'abus sexuel a de nombreuses conséquences directes pour la victime. Celles-ci sont de nature psychologique (A), mais également de nature physique. Ces traces physiques laissées par l'abus sont des preuves matérielles de l'acte (B).

A. Les conséquences psychologiques sur l'enfant victime de l'acte pédophilique

Un acte pédophilique n'est pas un acte anodin. S'il peut ne pas avoir de conséquences psychologiques pour certains enfants, il peut en revanche aller jusqu'à en détruire certains autres. Lorsqu'il y a des conséquences, celles-ci sont psychologiques et comportementales.

L'abus sexuel peut être traumatisant pour la victime. Il ne l'est toutefois pas toujours. Ainsi « Kendall-Tackett, Williames et Finkelhor (*Impact of sexual abuse on children : A review and synthesis of recent empirical studies*, Psychol bull, 1993) montrent qu'un tiers des enfants victimes d'abus sexuels ne présentent aucun symptôme »[70]. Pour un observateur, il est communément admis qu'un abus sexuel est traumatisant

---

[70] DALIGAN (L.), *l'enfant et le diable - accueillir et soigner les victimes de violences*, L'archipel, 2004, p. 141

pour l'enfant. Mais ceci est une idée générale et extérieure. Pour qu'un acte soit traumatisant il faut par définition qu'il créé un traumatisme. Ors tous les abus sexuels ne sont pas vécus comme traumatisant par l'enfant victime. Liliane Daligan dit ainsi qu'« une large proportion d'enfants ne présente aucun symptôme après un abus sexuel. Il existe probablement trois raisons à cela, variables d'un enfant à l'autre (Svedin C.G., *Sexual Abuse Of Children, Discovery and Consequences, Expert Report Socialstyrelsen*, Stockholm, 2002) »[71].

La première raison que cite Liliane Daligan est qu'il arrive que le traumatisme soit surmonté par l'enfant : « Certains enfants ont une plus grande capacité à résister [résilience] »[72]. La seconde raison citée par Liliane Daligan est que le traumatisme peut être latent : « l'effet de latence (*sleeping effect*) : l'événement qui a marqué profondément une personne reste contenu jusqu'à une période très tardive de sa vie »[73]. C'est souvent le cas avec les troubles de stress post-traumatique qui peuvent se développer tardivement après l'évènement traumatisant. La dernière raison citée par Liliane Daligan pour dire que l'événement n'a pas été traumatisant est qu'« un traumatisme n'a pas nécessairement de sérieuses conséquences ultérieures, surtout si l'enfant n'a pas vécu les faits comme une expérience traumatisante, douloureuse, horrible et effrayante ». Puisque l'expérience n'est pas vécue comme traumatisante, elle n'est pas traumatique. La définition du traumatisme n'est pas uniquement liée à l'évènement, mais également à la capacité de la personne d'y répondre de façon adéquate. Le traumatisme est en effet défini par Laplanche et Pontalis comme étant : « un événement de la vie du sujet qui se définit par son intensité, l'incapacité où se trouve le sujet d'y répondre adéquatement, le bouleversement et les effets pathogènes durables qu'il provoque dans

[71] *Ibid*, p. 139
[72] *Ibid*, p. 141
[73] *Ibid*

l'organisation psychique »[74]. Beaucoup d'enfants sont trop jeunes pour se souvenir ou même comprendre ce qui leur arrive ou à l'inverse suffisamment adultes pour être complaisant ou avoir été préparés à l'acte sexuel par le pédophile lui-même. « L'individu confronté à une situation tenue pour éprouvante par l'observateur, n'en sort pas toujours traumatisé – à l'inverse, ce qui est perçu comme un micro-évènement peut laisser un sujet exsangue »[75]. Pour aller plus loin, nous dirons que le « vécu » d'un évènement se décompose en son « ressenti » qui est d'origine psychologique et sa « perception » qui est d'origine sociale. Le ressenti se fait à travers le prisme psychologique de la victime (personnalité, état psychique, capacité intellectuelle, etc.). A cela s'ajoute le ressenti physique tel que la douleur. Les abus sexuels sont souvent ressentis par la victime comme une effraction de son corps et de son âme.

La perception se fait, elle, à travers le prisme idéologique qui est d'origine sociale. Nous entendons le « prisme idéologique » comme étant l'idéologie personnelle d'une personne. Le dictionnaire Larousse définit l'idéologie comme étant un « système d'idées générales constituant un corps de doctrine philosophique et politique à la base d'un comportement individuel ou collectif : *L'idéologie marxiste. L'idéologie nationaliste.* ». Le prisme idéologique d'une personne est la somme de toutes les idéologies qui ont prise sur lui et qui le conduisent à interpréter le monde d'une manière qui lui est strictement personnel. Cette perception de l'acte pédophilique est également l'une des raisons de la survenance d'un traumatisme ou non suite à l'acte. Il suffit de faire un saut dans l'histoire pour comprendre que l'idéologie (et la perception qui en résulte) joue un rôle sur le caractère traumatisant des abus.

---

74 *Expertise psychologique de l'enfant et de l'adolescent en enquête préliminaire*, thèse, Université Paris 13 – Nord Sorbonne Paris cité, 2015. L'auteur cite *Vocabulaire de la psychanalyse* de Laplanche et Pontalis.

75 ANCIBURE (F.) et GALAN-ANCIBURE (M.), *La pédophilie comprendre pour réagir*, *op.cit*, p. 144

Durant la Grèce antique, c'était un honneur que d'être choisi par un citoyen pour être son objet sexuel : la pédérastie. Ce type de comportement est puni aujourd'hui. Une partie du traumatisme vient du fait que l'enfant se sent victime d'un acte fortement prohibé. Plus précisément il est l'objet d'un acte fortement prohibé et à ce titre il se sent victime. A l'inverse en Grèce antique, l'enfant était l'objet d'un acte fortement valorisé, il se sentait donc honoré. L'enfance du roi Louis XIII est aussi tout à fait éloquente. La question du sexe ne fait l'objet d'aucun tabou. Jean Héroard, son médecin a tenu un journal durant toute l'enfance de Louis XIII. Philippe Ariès cite Héroard qui écrit notamment en 1602 : « il rit à plein poumon quand la remueuse lui branle du bout des doigts sa guillery » ; « il fait baiser à chacun sa guillery »[76]. Aujourd'hui ce type de comportement serait également totalement interdit, cependant, pour la cour du roi ça n'avait visiblement rien de choquant et c'est pourquoi Louis XIII n'en fut pas choqué. L'influence sociale dans le traumatisme peut s'observer chez le pédophile lui-même. En effet, certains pédophiles, comme André Gide, s'assument parfaitement et revendiquent même leur pédophilie. La conception morale commune de la pédophilie n'a pas prise sur eux, ils ont développé leur propre idéologie qui a pris le pas sur cette idéologie commune. Leurs désirs pédophiles sont en corrélation avec leur idéologie. En revanche de nombreux pédophiles ne s'assument pas, car l'idéologie qui est la leur est l'idéologie commune qui veut que la pédophilie soit une monstruosité et un crime odieux lorsqu'il y a passage à l'acte. Leurs désirs et leur idéologie sont antagonistes et créent pour eux un traumatisme, un dégoût de soi, une incompréhension de ce qu'ils sont[77]. Leur idéologie leur fait combattre leurs désirs, ainsi certains vont se signaler à la police, contactent des associations comme celle de Mme P. pour éviter un passage à l'acte voir demandent eux même une castration

---

[76] *Ibid*, p. 165

[77] DELEU (X.), *Pédophilie : de la pulsion à l'interdit*, LCP / Découpage, 2011

chimique. Dans d'autres cas, leurs désirs vont combattre leur idéologie, ils s'essaient alors à la rationalisation, le rejet de la faute sur autrui, etc. Dans tous les cas, ce type de pédophiles vivent moins bien leur vie qu'un André Gide. De façon plus générale, des personnes croyant en Dieu pourront mieux vivre certains évènements en pensant que ceux-ci résultent d'une volonté divine. Les stoïciens accepteront mieux un évènement qui peut être traumatique dès lors que celui-ci ne dépend pas d'eux. Mais aujourd'hui, ce sont les théories victimologiques qui sont les plus répandues (en France tout du moins), la victimologie étant une science dont le but est de traiter les victimes comme telles et donc paradoxalement les victimiser socialement en leur imposant cette étiquette de victime. Ainsi, certains enfants n'ont aucun symptôme lié au traumatisme. Cela peut venir du fait qu'ils n'aient pas ressenti l'évènement comme traumatisant, mais aussi du fait qu'ils ne l'aient pas perçu comme tel. Lorsque l'évènement n'est ni ressenti ni perçu comme traumatisant, il n'y a pas de traumatisme.

Pour deux tiers des victimes, le traumatisme existe en revanche bien et n'est pas sans conséquence. L'étude *Impact of sexual abuse on children : A review and synthesis of recent empirical studies* portant sur 45 cas révèle différents symptômes liés à un abus sexuel :

« Chez les enfants préscolaire (0-6 ans) :

- Les réactions de stress (77%)
- L'anxiété (61%)
- Les cauchemars (55%)
- Des troubles du comportement en général (45%)
- Des comportements régressifs, immatures (36%)
- Des comportements sexualisés (35%).

Chez les enfants en début de scolarité (7-12ans) :

- Des cauchemars (47%)
- Des expressions de peur, de l'anxiété (45%)

- Des agressions (45%)
- Des comportements régressifs, immatures (39%)
- Des symptômes névrotiques et généraux (38%)
- Des difficultés scolaires (31%)
- Peu de comportements sexualisés.

A l'adolescence (13-18 ans) :
- L'auto-agressivité (71%)
- L'abus de substances (53%)
- Les dépressions (46%)
- L'isolement, les fugues (45%)
- Les idées suicidaires (41%). Quand ils existent, les comportements sexualisés sont ici promiscuité et agression sexuelles sur autrui (38% et 27%)
- Les symptômes physiques (34%)
- La faible estime de soi »[78].

Geneviève Cédile relève globalement les mêmes symptômes : régression, hyper sexualité, activité masturbatoire compulsive, reproduction d'acte sexuel sur une poupée ou une camarade d'école, syndrome de Stockholm (la victime épouse la logique de son agresseur afin de rendre la situation acceptable), pudeur extrême, obsession de la propreté, inhibition, désinhibition, troubles du sommeil, troubles de l'alimentation, baisse des résultats scolaires, réactions dépressives, suicide, prise de risque importante, prostitution, toxicomanie[79]. Ces symptômes sont généraux. Ils dépendent très fortement de la nature de l'acte subi par l'enfant, de son intensité, et sa durée, de la méthode du pédophile (usage de contrainte ou non), de la relation de la victime avec l'auteur et de la victime elle-même.

---

[78] DALIGAN (L.), *l'enfant et le diable accueillir et soigner les victimes de violences*, *op.cit* p. 141 et 142

[79] CEDILE (G.), *La pédophilie les leçons du procès d'Outreau*, *op.cit*, p. 56

La personnalité de la victime joue un rôle important. Au-delà de la capacité de résilience, le niveau intellectuel de la victime peut également être important. A ce propos Geneviève Cédile dit que « moins l'enfant sera intelligent, moins il aura ce type de capacité de se faire une représentation mentale d'un évènement, et mieux il sera protégé contre l'affect lié au traumatisme, en particulier la honte et la culpabilité »[80]. Ces sentiments de honte et de culpabilité peuvent être renforcés par l'attitude de la victime pendant l'évènement traumatisant. En ne résistant pas pour de multiples raisons, notamment la peur, l'enfant développera plus facilement ce type d'affect. Face à un abus l'enfant peut être paralysé, totalement passif. Ce n'est pas un marqueur de complaisance, mais au contraire de peur extrême créant un mécanisme de défense, l'esprit agit alors tel un coupe-circuit. « L'enfant abusé a l'impression que l'abus a été subi par quelqu'un d'autre, dans une sorte de dédoublement de personnalité protecteur. Ceci peut expliquer les comportements de certains enfants abusés : en état de sidération (comme les petits lapins pétrifiés devant les phares d'une voiture) »[81]. Au cours de l'abus (et en fonction de celui-ci), l'enfant est nié en tant que personne, il est un objet. Il se dissocie de son corps pour défendre son esprit. Si bien qu'après ce corps reste objet pour l'enfant. D'où des passages à l'acte automutilateur (auto-agressivité chez l'adolescent dans 71% des cas). Il punit ce corps souillé qui le renvoie au traumatisme de l'abus. C'est la construction de l'identité de l'enfant qui est compromise par l'abus. D. Richelle, cité par Geneviève Cédile, décrit un syndrome spécifique lié à l'état de stress spécifique des enfants victimes d'abus sexuels. Les symptômes sont les suivants : « le secret et la soumission à l'adulte, la formation d'un ilot de survie avec désocialisation, la révélation tardive et la rétractation. [...] C'est une attitude de « faux self », un échec du processus d'identification. L'enfant n'est plus dans

[80] *Ibid*, p. 147
[81] *Ibid*, p. 148

son désir, il n'est que dans le désir de l'autre »[82]. Pour une victime masculine, d'après Michel Dorais, dont les arguments sont repris par Geneviève Cédile, le processus d'identification peut être encore plus compromis. Son identité masculine est annihilée puisqu'il se sentira non seulement objet, mais aussi femme du fait d'avoir été pris comme tel. Le sentiment de honte peut être décuplé par le fait qu'il ait ressenti du plaisir pendant l'acte et fût en érection (la honte liée au plaisir éprouvé pendant l'acte vaut toutefois également pour la victime féminine). Sa sexualité sera plus difficile à assumer, s'il est hétérosexuel il pourra craindre de devenir homosexuel et de ce fait développer notamment de l'homophobie. L'image qu'il aura de lui est fragilisée voir négative. Le processus de développement de l'identité passe par l'identification. Mais il est difficile pour l'enfant victime de s'identifier à son abuseur, du fait de la trahison que commet celui-ci en ne le protégeant pas d'une part et en étant son bourreau d'autre part. C'est d'autant plus difficile lorsque l'agresseur est un parent. L'enfant peut en revanche s'identifier à l'image qu'il renvoie. Cependant l'image populaire de l'enfant victime est qu'il reproduira les comportements pédophiles qu'il a subis par mimétisme ou identification. Les traumatismes peuvent effectivement conduire à cette éventualité si l'identité sexuelle est compromise notamment. Toutefois l'autodétermination peut également être responsable de la reproduction du comportement, l'enfant s'identifiant à ce qui est attendu de lui, c'est-à-dire reproduire ces comportements (effet pervers de la victimisation sociale).

Dans le syndrome lié au stress que cause l'abus que décrit D. Richelle il y a notamment le secret et la soumission à l'adulte. Ce « symptôme » est particulièrement récurrent. Geneviève Cédile dit que l'« on constate presque dans tous les cas la notion de secret. L'adulte abuseur, soit par me-

---

[82] *Ibid*, p. 149

naces, soit par prières, fait promettre à l'enfant de garder le secret sur leurs relations particulières. [...] « Ne le dis à personne » ; c'est la menace que profère l'abuseur à l'enfant busé. Et cet enfant répétera cette même phrase à son interlocuteur lors de la première divulgation de l'abus dont il a été victime »[83]. Pour exemple, Sophie lors de sa première révélation agit de la sorte : « je [la] menaçais de ne plus être son amie si elle disait quelque chose »[84].

Ainsi, bien que variables, les conséquences d'un acte pédophilique sont multiples pour l'enfant victime. Ces conséquences sont autant de marqueurs de la souffrance qu'endure l'enfant victime.

B. Les conséquences physiques de l'acte sexuel pédophilique et la preuve de l'acte

Comme il peut ne pas y avoir de traces psychologiques d'un abus sexuel chez l'enfant victime, il peut ne pas y avoir non plus de traces physiques de l'acte pédophilique. Sans marques visibles sur le corps de l'enfant, la preuve de l'abus est plus difficile à rapporter. Cette question de la preuve est pourtant essentielle à l'établissement de la vérité. Sans la preuve médicale permettant d'établir la matérialité des faits le moyen de preuve unique devient la preuve testimoniale, preuve très imparfaite voir controversée en ce qui concerne les enfants (comme détaillé ultérieurement).

Un acte sexuel ne laisse pas forcément de traces, même la pénétration sur une jeune fille. Si pendant longtemps les médecins pensaient impossible la pénétration par un mâle adulte sur une fillette en raison de l'étroitesse du vagin, il s'est avéré que la réalité était l'inverse et même, que ce genre de pénétration pouvait ne laisser aucune trace. Marie-Noëlle de Béchillon et Jean-Jacques Choulot citant une étude de J.

83 *Ibid*, p. 55

84 Interview de Sophie, Annexe 1

A. Adams, K. Harper, S. Kundson, J. Revilla disent que : sur 236 enfants victimes, « l'examen gynécologique était anormal dans 14% des cas, suspect dans 9% des cas »[85]. Comme l'indique le titre de l'étude citée, il est normal d'être normal, l'abus sexuel ne laisse pas forcément de traces physiques. Cette normalité de l'état physique d'un enfant trouvée à l'examen ne signifie pas qu'il n'est pas une victime. A l'inverse, le docteur Reinsberger, médecin légiste, à l'occasion d'un cours de médecine légale donné dans le cadre du Master 2 police et sécurité intérieure à l'université de Pau et des pays de l'Adour, disait que des rapports sexuels « normaux » mutuellement consentis peuvent causer des lésions. Celles-ci ne doivent pas être interprétées comme des traces de violence, mais comme une preuve de pénétration. Si la normalité n'est pas la preuve de l'absence d'abus sexuel, l'anormalité peut ne pas être la preuve de la matérialité d'un abus sexuel. En ce qui concerne un mineur la preuve d'une pénétration peut suffire pour caractériser une infraction, cependant il s'agit de préciser, comme le font les auteurs de *Le mineur et le droit pénal*, qu'il faut se garder de tirer des conclusions hâtives sur les résultats d'examens physiques de victimes. La recherche de traces physiques sert à prouver une violence afin de caractériser une infraction (par exemple l'agression sexuelle commise avec violence) ors cette violence peut ne pas laisser de traces. Au contraire si cette violence a laissé des traces, comme le disent les auteurs précédemment cités, cela peut relever non pas de la caractérisation de l'infraction, mais d'une de ses circonstances aggravantes. Par exemple le 1° de l'article 222-24 du CP prévoit que le viol est aggravé « lorsqu'il a entraîné une mutilation ou une infirmité permanente ». Aussi la caractéri-

---

85 *Le mineur et le droit pénal, op.cit*, p. 67. Les auteurs citent J. A. Adames, K. Harper, S. Knudson, J. Revilla, Examination finding in legally confirmed child sexual abuse : it's normal to be normal, *Pediatrics*, 1991, 87, p. 254-60. L'étude porte sur 236 enfants dont 215 filles victimes d'abus sexuels et dont l'abuseur avait été reconnu coupable par la justice.

sation de l'infraction ne doit pas dépendre de la présence de traces physiques ou non. L'examen clinique de l'enfant permet tout de même de relever certaines traces, qu'il faudra donc interpréter avec parcimonie. Un examen précoce « peut révéler l'existence d'ecchymoses, d'hématomes, de traces de griffures ou d'inflammation de la région génitale (vulvite) »[86]. Ces traces peuvent être d'origine accidentelle. Il s'agit alors de recouper la présence de ces traces avec les propos de l'enfant présumé victime. Le médecin légiste devra non pas se prononcer sur la réalité d'un abus, mais sur la compatibilité des propos de l'enfant avec les traces physiques qu'il présente. A l'inverse le médecin légiste doit préciser la compatibilité des propos de l'enfant avec l'absence de traces physiques. Par exemple certains hymens sont « complaisants », ils peuvent être largement distendus et ainsi ne garder aucune trace lésionnelle malgré un abus sexuel réel. Le médecin légiste devra donc dire que l'absence de trace qu'il constate peut toujours être compatible avec les allégations de l'enfant du fait de l'élasticité de l'hymen. Si les médecins légistes sont formés à ces nuances, ce n'est pas le cas de tous les autres acteurs de la procédure judiciaire. Le docteur Reinsberger, à l'occasion d'un cours de médecine légale rapporte ainsi qu'il lui est fréquent de devoir rappeler un juge, celui-ci mettant fin à leur conversation téléphonique dès qu'il apprend l'existence ou non de traces physiques sur l'enfant, sans comprendre que l'absence de trace n'exclut pas l'abus ou que la présence de trace ne prouve pas celui-ci. Certaines traces physiques peuvent être en revanche plus pertinentes que d'autres, les auteurs de *Le mineur et le droit pénal* citent notamment la présence de maladies sexuellement transmissibles, présence de sperme, signes traumatiques sur l'anus, etc. De manière générale donc, pour constituer un faisceau d'indices et pour relever le maximum d'éléments, un examen physique de l'enfant devra être réalisé afin que les

---

[86] *Ibid*, p. 69

éléments qu'il apporte soient recoupés avec les allégations de l'enfant ainsi que son comportement et son état psychologique qui peut être un autre indicateur fort de la réalité d'un abus. Cet examen complet passera notamment, pour les petites filles, par la recherche d'« érosions, ulcérations, contusions des faces internes des cuisses, plaies, déchirures de l'hymen (en se méfiant des nombreuses variantes physiologiques), disparition de l'hymen, plaies ou cicatrices de la fourchette, des petites lèvres, de l'anus »[87]. Pour les garçons, en plus de la recherche de signes traumatiques sur l'anus comme pour la petite fille, « les organes génitaux seront examinés soigneusement à la recherche d'hématomes, ecchymoses, cicatrices, traces de morsures »[88]. A cela s'ajoute tous les examens permettant de détecter une maladie sexuellement transmissible, le prélèvement d'échantillon de sperme pour l'identification par comparaison d'A.D.N. lors de cet examen complet, est aussi examiné, suite à un entretien entre le médecin légiste et la victime présumée, le reste du corps, notamment les membres supérieurs et inférieurs à la recherche des traces qui pourraient être connexes à un abus tel que des traces de luttes ou de défense.

De manière générale, l'examen physique de l'enfant apporte un faisceau d'indices et non une preuve parfaite de la matérialité d'un abus. L'absence de trace n'est pas une preuve irréfragable de l'absence d'abus. Dans de nombreux cas d'abus réels, il n'y aura aucune trace physique. Le problème qu'il en résulte quant à l'établissement de la preuve de la réalité de l'acte est conséquent, particulièrement dans les cas de pédophile n'utilisant pas la contrainte.

L'établissement de la preuve ne doit donc pas dépendre du seul examen physique de l'enfant victime.

---

[87] *Ibid*, p. 70 et 71.

[88] *Ibid*, p. 71

§ 2. Les conséquences de l'acte de pédophilie ne concernant pas uniquement la victime

L'acte de pédophilie n'implique pas que la victime bien qu'elle en soit l'objet. Un acte de pédophilie s'inscrit dans un triptyque auteur/victime/tiers. Certaines conséquences de l'acte de pédophilie impliquent donc aussi les deux autres membres de ce triptyque. A partir du ou des premiers abus subis par l'enfant, les relations entre les membres de ce triptyque vont évoluer (A). Le tiers qui est extérieur à l'infraction a alors la possibilité d'observer une situation nouvelle. Il est question pour lui de réussir à déterminer ou non si ce qu'il observe est la résultante d'un acte de pédophilie (B).

A. L'évolution des relations dans le triptyque victime/auteur/tiers

A partir de l'abus, la relation entre la victime et l'auteur évolue nécessairement. Si l'enfant est trop jeune pour qu'une véritable relation soit préexistante à l'abus, la relation peut en revanche se bâtir autour des abus. Sophie par exemple a toujours vécu sa relation avec l'auteur sous le joug des abus : « j'étais trop jeune pour savoir quand est-ce que ça a commencé »[89]. La relation entre la victime et l'auteur peut évoluer d'une multitude de façons. Tout dépend de la relation qui existe avant le ou les premiers passages à l'acte. Si la relation peut se dégrader elle peut aussi s'intensifier.

Pour commencer, la relation peut être dégradée totalement ou partiellement. L'enfant vit l'abus comme une trahison. De ce fait il ressentira de la haine vis-à-vis de son agresseur. Ce n'est pas toujours le cas ; en effet l'enfant peut reporter cette haine vis-à-vis d'un tiers ou sur lui-même. Cette haine se mêle aux sentiments de honte et de culpabilité. Cela notamment peut provoquer des comportements auto-agressifs. Il peut donc exister un sentiment de rage, de

[89] Interview de Sophie, Annexe 1

haine, de rancœur, de mépris vis-à-vis de l'auteur. Cependant, il existe la plupart du temps entre un pédophile n'utilisant pas la contrainte et sa victime un rapport de domination/soumission. Le pédophile domine sa victime, notamment par l'usage de sa position d'autorité. Il la maintient sous son emprise. Il abuse d'elle autant qu'il le souhaite, voir autant qu'il le peut. La victime peut avoir une peur immense de son abuseur. Et l'abuseur peut utiliser cette peur pour maintenir sa victime à sa botte. Cependant, comme vue précédemment, le rapport de domination ne s'effectue pas grâce à la peur, mais par le gain de confiance et de coopération à l'acte sexuel lorsque le pédophile use de stratégies manipulatoires et subtiles. Puisque la victime a confiance en son abuseur et a coopéré à l'acte sexuel, sa peur sera plutôt une peur de trahir l'auteur en dénonçant les faits. La victime peut avoir peur de briser la relation spéciale qu'elle a tissée avec l'abuseur et dans ce cas-là cette peur la pousse au secret. Mais la peur que ressent la victime n'est pas nécessairement une peur de l'auteur lui-même. Dans ce cas de figure la victime peut tout de même avoir peur de l'acte d'abus. Si les abus sont récurrents sans que jamais elle ne les apprécie, elle peut ne pas en avoir une peur extrême. Par exemple Sophie dit qu'elle a « toujours cru que le jour prochain ça n'arriverait plus »[90]. Sa pensée était plutôt tournée vers l'espoir que les abus prennent fin et non vers la peur que les abus continuent. De plus elle pouvait aller voir l'auteur par « simple plaisir »[91], Sophie ne fait jamais référence à de la peur, mais au contraire à des affects positifs.

Dans le cadre de cette relation bâtie entre le pédophile n'utilisant pas la contrainte et l'enfant, des affects plus positifs peuvent donc exister malgré les abus. Paradoxalement, l'enfant peut avoir confiance en l'abuseur voir lui être reconnaissant. Non pas reconnaissant pour les abus, mais

---

[90] *Ibid*

[91] *Ibid*

reconnaissant pour tout le reste. Les stratégies qu'utilisent les pédophiles, détaillées précédemment, font de l'abuseur un ami de la victime, c'est d'ailleurs cette position d'ami qui lui permet de passer à l'acte. Mais si cette relation ne débouchait pas sur des abus, elle pourrait être tout à fait bénéfique pour l'enfant victime, qui est en général en carence affective. Sur les évolutions positives, le cas de Sophie est tout à fait éloquent. Bien que Sophie ait, à son souvenir, toujours été abusée, il n'empêche qu'elle démontre que des affects positifs sont possibles en matière d'abus sexuels : « Elle a toujours évolué dans le bon sens [la relation entre Sophie et son agresseur]. Plus j'ai grandi, plus j'ai fait partie de leur famille comme un membre à part entière. Plus d'une fois j'ai fait les fêtes de fin d'année chez eux. Après mon entrée au collège, je venais par simple plaisir de les voir (c'était un peu tendre le bâton pour se faire battre, mais j'avais vraiment une reconnaissance extrême pour eux, y compris pour lui). En dehors de ces épisodes, il était toujours à mon écoute, un vrai père en réalité »[92]. Sophie éprouvait donc de la reconnaissance pour son abuseur du fait, non pas des abus, mais de la relation paternelle qu'elle avait avec l'auteur des faits. La balance entre les apports de sa relation avec l'auteur et la douleur des abus pèse visiblement en faveur des apports de sa relation avec l'auteur.

Il arrive parfois que le rapport domination/soumission soit renversé par la victime, du moins équilibré. Il arrive que le pédophile achète la parole de l'enfant au moyen de cadeaux divers, d'avantages en nature ou même directement par de l'argent. Certains enfants vont alors tirer profit de la situation en se livrant à une véritable prostitution. Ils détiennent l'abus comme un secret dont la menace de la révélation sert à faire monter les prix à leur gré. Si la situation semble machiavélique elle n'en reste pas moins vraie. L'enfant évolue, et sa compréhension du monde avec. Dans le cas où le

---

92 *Ibid*

pédophile veut acheter sa parole, l'enfant va développer son rapport à l'argent sur cette base. Ce n'est pas nécessairement leur sexualité qui est déréglée, mais leur rapport à l'argent, d'où un taux fréquent d'enfant victime se livrant à la prostitution par la suite. C'est une forme de perversion de l'enfant qui échappe au pédophile. En revanche dans d'autres cas, c'est le pédophile qui force l'enfant à la prostitution, mais il s'agit dans ce type de cas plutôt de pédophile violent. Dans ces cas il s'agit plus de proxénétisme au profit du pédophile que de pédophilie.

En ce qui concerne l'évolution de la relation entre l'auteur et le tiers, elle dépend des nombreux cas d'espèce. Le tiers peut développer les mêmes affects négatifs à l'égard de l'auteur que pourrait développer la victime : haine, mépris, rage, etc. Le tiers peut, à l'inverse, garder des affects positifs à l'égard de l'auteur. Guillaume Brie cite le cas de Julien H. un « pédophile » (il est adolescent quand il commet la plupart de ses attouchements sur des enfants en bas âge) ayant commis un grand nombre d'actes de pédophilie sur de nombreuses victimes et notamment des membres de sa famille. Sa famille est au courant de ses agissements, mais, animés par le souci de le protéger, ils ne dénonceront que très tardivement les faits et en dernier recours, car « il est gentil, il n'est pas chiant »[93]. Si Julien H. était pédophile, il n'en restait pas moins un fils, un frère, un beau-fils, etc. Tout le monde ne hait pas les pédophiles, tout le monde hait les pédophiles des autres. Lorsque le pédophile est un membre de la famille, il est bien souvent un membre de la famille avant d'être un pédophile tandis que pour l'observateur il est bien plus un pédophile que le membre d'une famille. De ce fait le tiers peut être indifférent au caractère pédophile de la personne, conserver des affects positifs voir être complaisant. La relation entre le tiers et l'auteur, notamment lorsqu'ils sont de la même famille, préexiste au caractère

---

[93] BRIE (G.), *Des pédophiles derrière les barreaux*, *op.cit*, p. 30

pédophile de l'auteur. Ceci peut valoir pour les époux à l'égard de l'autre époux incestueux.

En ce qui concerne l'évolution de la relation entre la victime et le tiers, elle dépend également de chaque cas d'espèce. La relation peut se dégrader du fait des modifications de comportement qu'engendre l'abus sur la victime : la chute des résultats scolaires peut engendrer des tensions au sein de la famille par exemple. Pour Sophie sa relation avec ses parents se dégrade quoi qu'elle mette ça sur le compte de l'adolescence et non des abus ce qui est tout à fait plausible : « pour le coup, soit elle a évolué et est devenue pire soit c'est toujours resté la même chose. La crise d'adolescence pointe le bout de son nez. Impossible de m'entendre avec eux, toujours en conflit avec mon père. Je suis fâchée contre ma mère pour sa passivité dans les conflits qui m'opposent à mon père. On a clairement un manque de communication et de compréhension, mais on reste une famille unie et on s'aime tous »[94]. Il est à noter qu'à l'inverse sa relation avec l'auteur s'améliore. L'auteur devient la figure paternelle que le père de Sophie paraisse ne plus être ou ne pas réussir à être. Ainsi il semble que Sophie ait déplacé certaines de ses attentes depuis son père vers l'auteur et ce malgré les actes de pédophilie. Dans ce cas d'espèce, la relation victime/auteur gagne ce que perd la relation victime/tiers. Cette économie des relations se retrouve souvent dès lors que le tiers est un parent. Guillaume Brie cite le cas de Paul T. qui élève un garçon de 8 ans avec qui il a des relations sexuelles parce que « ses parents voulaient s'en débarrasser en quelque sorte »[95]. En remplissant les fonctions de parents à la place de ceux-ci, le pédophile s'en arroge les bénéfices relationnels. Il n'est pas étonnant de retrouver souvent cette économie relationnelle, en effet beaucoup de victimes sont choisies du fait de carences affectives qui facilitent le passage à l'acte par

---

[94] Interview de Sophie, Annexe 1

[95] BRIE (G.), *Des pédophiles derrière les barreaux*, *op.cit*, p. 25

le *modus operandi* non violent des pédophiles. Ces carences affectives sont le terreau du déplacement des attentes affectives.

B. La perception de l'existence d'un acte de pédophilie par le tiers

Le tiers ne participe pas à l'infraction sans quoi il perd la qualité de tiers. En revanche, en tant que proche de la victime il a la possibilité d'observer chez elle toutes les évolutions qui sont les signes qu'un acte de pédophilie a été commis. Mais il peut ne pas voir, ne pas comprendre, ne pas entendre, refuser d'admettre qu'un tel acte s'est produit. Il se pose donc la question de la perception de la situation, car le préalable à une dénonciation d'acte de pédophilie est au moins d'en soupçonner l'existence. Dès lors que la situation réelle est perçue, c'est-à-dire lorsque le tiers voit, entend, comprend, admet que l'enfant est victime d'acte de pédophilie, ou au moins l'envisage, alors le tiers se retrouve face au choix subjectif de dénoncer l'acte ou non. Un tiers qui sait est un tiers dénonciateur ou non dénonciateur en fonction de la décision qu'il prend. Un tiers qui ne sait pas ne peut pas être un tiers dénonciateur, et par voie de conséquence, ne peut pas être un tiers non dénonciateur. C'est l'existence d'un choix qui fait d'un tiers un non-dénonciateur. Dès lors qu'il n'a pas eu le choix, parce qu'il n'a pas su, il ne peut être considéré comme un tiers non dénonciateur. Ainsi il s'agit de voir ici comment la situation réelle peut échapper à la perception du tiers, car si la cause de la dénonciation d'un acte de pédophilie est son ignorance totale, il ne peut en être tenu rigueur au tiers. En revanche le tiers qui ne sait pas n'est pas irréprochable, il est possible de leur dire, notamment à ceux dont c'est le métier (un médecin par exemple), « vous auriez dû voir », mais cela est différent que de lui dire « vous auriez dû dire ». En effet les causes de l'ignorance sont distinctes des causes du silence. Nous parlerons de « voir » ou « entendre » une « anomalie », ces anomalies étant tout signe, quel qu'il soit, qu'un acte de pédophilie ait pu être commis. Chez l'enfant ces signes sont toutes les conséquences physiques, psychologiques ainsi que les appels à l'aide verbaux ou non qu'émet l'enfant. Chez l'auteur ces signes sont tous les indices qu'il est un pédophile (visionnage de pédopornographie, comportements ambigus avec des enfants, etc.).

Le prérequis à la perception d'une situation réelle de pédophilie par un tiers est de « voir » ou « entendre ». Il s'agit donc pour le tiers d'avoir l'occasion de recueillir la parole de l'enfant ou de l'auteur, de voir les anomalies dans le comportement de l'enfant qui sont les signes qu'un abus sexuel a été commis, de voir le comportement de l'auteur au contact d'enfant, etc. Pour être susceptible de percevoir une situation de pédophilie, il faut donc être un minimum au contact des signaux qui sont émis du fait de cette situation, quelle que soit leur provenance. Ainsi un professeur d'école par exemple, qui serait en contact avec une victime dont les résultats scolaires ne sont pas en baisse et qui ne parle pas de l'abus, n'a absolument aucun moyen de « voir » ou « entendre » la situation de pédophilie.

« Voir » et « entendre » ne suffit pas à la perception de la situation de pédophilie. Il faut que le tiers veuille « voir » et veuille « entendre ». Il est pour cela nécessaire que le tiers s'intéresse à la victime ou à l'auteur dans les cas où il voit les anomalies que ceux-ci dégagent du fait d'une situation de pédophilie. Par exemple, un professeur d'école qui constate que les résultats scolaires de la victime sont en baisse, mais qui ne s'intéresse pas à cet enfant ne peut pas percevoir la réalité de la situation de pédophilie que vit cet enfant. Il pourrait toutefois lui être reproché de ne pas s'y être intéressé.

Même en s'intéressant à la victime ou à l'auteur, le tiers peut ne pas percevoir la situation de pédophilie. En effet les anomalies constatées pourraient trouver leur source dans une multitude d'autres causes que l'existence d'une situation de pédophilie. Il est nécessaire que le tiers comprenne que ces anomalies sont le résultat d'un acte de pédophilie. Il est alors question pour le tiers d'interpréter correctement les anomalies qu'il constate. Toutes les personnes confrontées à ce type de situation ne sont pas des experts en matière de pédophilie. La connaissance est la clé de la compréhension. L'ignorance de ce qu'est la pédophilie peut donc empêcher un tiers de percevoir la situation réelle. Des associations, des sites, des livres renseignent sur ce qu'est la pédophilie et permettent ainsi au tiers de mieux la percevoir. Mais pour que le tiers accède à ces informations qui l'aideront à percevoir la réalité de la situation de pédophilie, il faut d'abord qu'il l'envisage. Ainsi par exemple, un professeur d'école qui constate que les résultats scolaires d'une victime sont en baisse, qui s'y intéresse, mais qui met ça sur le compte, par exemple, d'un harcèlement de l'enfant au sein de l'établissement scolaire, ne peut percevoir la réalité de la situation. Il peut raisonnablement douter que les anomalies qu'il constate trouvent leur source dans d'autres causes que le fait que l'enfant ait subi un acte de pédophilie.

Enfin, le tiers peut avoir toutes les clés en main pour percevoir la situation de pédophilie, mais ne pas l'admettre. La frontière est fine entre ce tiers qui ne sait pas et le tiers non dénonciateur. Il faut que la situation soit perçue à un niveau conscient par le tiers, sans quoi il ne sait réellement pas. Il s'agit donc des tiers dont le fonctionnement psychique les empêche de penser l'acte de pédophilie. Par un mécanisme de défense de son équilibre psychologique, le tiers va objecter un déni de la réalité à la situation de pédophilie qu'il aurait dû constater à un niveau conscient. C'est un tiers qui par faiblesse d'esprit ne va pas pouvoir affronter la réalité. Il peut s'agir dans ce cas, par exemple, d'un tiers qui se retourne réellement, non pas du fait d'une stratégie de défense (à l'égard d'un époux par exemple), mais du fait de sa sincérité, contre la victime au moment de la révélation des faits, accusant cette dernière de mentir.

Parmi les tiers ne percevant pas la situation réelle, c'est-à-dire que l'enfant est victime d'un acte de pédophilie, nous pouvons donc distinguer quatre types de tiers :

- Le tiers « absolu », c'est-à-dire celui qui « ne voit pas et n'entend pas ». Ce tiers est « absolu », car, s'il est en contact avec la victime ou le tiers, il n'est pas en contact avec la situation de pédophilie.
- Le tiers « négligeant », c'est-à-dire qui « ne veut pas voir, ne veut pas entendre et ne veut pas comprendre ». Ce tiers est « négligeant », car s'il a l'occasion de constater une anomalie dans le comportement de l'auteur et de la victime, il la néglige.
- Le tiers « ignorant », c'est-à-dire qui « voit, entend, mais ne comprend pas ». Ce tiers est « ignorant », car il ne suspecte pas la situation de pédophilie, mais juge que les anomalies qu'il constate sont les conséquences d'autre chose.
- Le tiers « faible », c'est-à-dire qui « refuse d'admettre ». Ce tiers est « faible », car c'est sa faiblesse d'esprit qui va pousser sa psyché à lui occulter la vérité.

Les tiers « absolus », « négligents », « ignorants » et « faibles » sont donc des tiers qui ne savent pas. Ils n'ont pas ce choix de dénoncer l'acte de pédophilie ou non. Ils ne sont pas silencieux, mais non-sachant. Mais dès lors qu'ils savent, le choix de dénoncer ou non leur est permis.

Chapitre 2
L'obligation juridique de dénonciation d'un acte de pédophilie du tiers y faisant face

Lorsqu'un tiers apprend l'existence d'un acte de pédophilie qui n'est pas encore connue par les autorités judicaires, il a l'obligation juridique de dénoncer l'acte. Il arrive cependant qu'il ne le fasse pas, les deux possibilités étant encadrées par le droit. Il doit donc « dénoncer l'acte ». Dans ce cas il s'agit de donner connaissance à la justice ou à un tiers qui a la charge de recueillir les signalements, qui les dénoncera lui-même à la justice, que des faits de nature pédophilique, quelles que soient leurs qualifications juridiques possibles, ont été commis (Section 1). Le tiers peut toutefois manquer à son obligation. Dans ce cas il s'agira pour lui de ne pas donner connaissance à la justice ou à un tiers professionnel du secteur de la santé ou du secteur social que des actes de nature pédophilique, quelles que soient leurs qualifications juridiques possibles, ont été commis. Cette possibilité est encadrée pénalement (Section 2).

Section 1. La dénonciation d'un acte de pédophilie par un tiers

Si le tiers à l'obligation juridique de dénoncer l'acte (§ 1) il a aussi l'interdiction de mettre en cause une personne par dénonciation mensongère, calomnieuse ou diffamatoire. Aussi, le tiers doit appliquer son obligation de dénonciation de manière non abusive (§ 2).

§. L'acte de dénonciation

La dénonciation d'un acte de nature pédophilique peut être faite à plusieurs personnes afin de rendre celle-ci efficace voir permettre de ne pas engager sa responsabilité pénale du fait d'une non-dénonciation de crime, mauvais traitements sur mineur ou non-assistance à personne en danger (ce que sont les « non-dénonciations ») (A). Après quoi une procédure de signalement est suivie conduisant à mettre en mouvement l'action publique si besoin (B).

A. Les acteurs de la dénonciation

L'obligation de dénonciation d'un acte de pédophilie se déduit a contrario de l'interdiction de ne pas dénoncer un acte de pédophilie, interdiction qui vaut pour « quiconque », l'obligation de dénoncer vaut donc également pour « quiconque ». Cette obligation de dénoncer des actes de nature pédophilique se fait dans l'intérêt de l'enfant. Afin d'autoriser un maximum de dénonciations, le droit lève le secret professionnel ainsi que les immunités dès lors qu'il s'agit d'un mineur de 15 ans. Certaines catégories professionnelles ont des obligations plus fortes notamment dans le domaine social ou de la santé du fait d'une jurisprudence plus sévère ou d'obligations juridiques spécifiques. Dans certains cas, notamment pour les professionnels que sont les médecins, les fonctionnaires et les assistants sociaux ayant une responsabilité sur des enfants, la seule dénonciation des faits ne suffit pas. Il faut que cette dénonciation soit rapide et accompagnée, lorsque c'est nécessaire, de mesures de protection adéquates. La dénonciation d'un acte de pédophilie s'inscrit donc dans un cadre juridique prévoyant une obligation d'agir pour tous, favorisant ainsi au maximum la protection de l'enfant victime.

L'article 223-6 du CP prévoit que : « Quiconque pouvant empêcher par son action immédiate, sans risque pour lui ou pour les tiers, soit un crime, soit un délit contre l'intégrité corporelle de la personne, s'abstient volontairement de le faire, est puni de cinq ans d'emprisonnement et de 75 000 euros d'amende. Sera puni des mêmes peines quiconque s'abstient volontairement de porter à une personne en péril l'assistance que, sans risque pour lui ou pour les tiers, il pouvait lui prêter soit par son action personnelle, soit en provoquant un secours ».

L'article 434-1 du CP prévoit que : « Le fait, pour quiconque ayant connaissance d'un crime dont il est encore possible de prévenir ou de limiter les effets, ou dont les auteurs sont susceptibles de commettre de nouveaux crimes qui pourraient être empêchés, de ne pas en informer les autorités judiciaires ou administratives est puni de trois ans d'emprisonnement et de 45 000 euros d'amende. Sont exceptés des dispositions qui précèdent, sauf en ce qui concerne les crimes commis sur les mineurs : 1° Les parents en ligne directe et leurs conjoints, ainsi que les frères et sœurs et leurs conjoints, de l'auteur ou du complice du crime ; 2° Le conjoint de l'auteur ou du complice du crime, ou la personne qui vit notoirement en situation maritale avec lui. Sont également exceptées des dispositions du premier alinéa les personnes astreintes au secret dans les conditions prévues par l'article 226-13 ».

L'article 434-3 du CP prévoit que : « Le fait, pour quiconque ayant eu connaissance de privations, de mauvais traitements ou d'agressions ou atteintes sexuelles infligées à un mineur ou à une personne qui n'est pas en mesure de se protéger en raison de son âge, d'une maladie, d'une infirmité, d'une déficience physique ou psychique ou d'un état de grossesse, de ne pas en informer les autorités judiciaires ou administratives est puni de trois ans d'emprisonnement et de 45 000 euros d'amende. Sauf lorsque la loi en dispose autrement, sont exceptées des dispositions qui précèdent les personnes astreintes au secret dans les conditions prévues par l'article 226-13 ».

Ces trois articles du CP prévoient que « quiconque » doit dénoncer un acte de nature pédophile, chaque cas d'espèce pouvant être régit par l'un de ses trois articles dans les conditions qu'ils énoncent. Il existe pour les délits spécifiques de non-dénonciation qui sont prévus par les articles 434-1 et 434-3 du CP une exception commune qui est le secret professionnel ou d'état prévu par l'article 226-13 du CP. Mais cette obligation au secret est levée par l'article 226-14 du CP qui prévoit que : L'article 226-13 n'est pas applicable dans les cas où la loi impose ou autorise la révélation du secret. En outre, il n'est pas applicable :

1° A celui qui informe les autorités judiciaires, médicales ou administratives de privations ou de sévices, y compris lorsqu'il s'agit d'atteintes ou mutilations sexuelles, dont il a eu connaissance et qui ont été infligées à un mineur ou à une personne qui n'est pas en mesure de se protéger en raison de son âge ou de son incapacité physique ou psychique ;

2° Au médecin ou à tout autre professionnel de santé qui, avec l'accord de la victime, porte à la connaissance du procureur de la République ou de la cellule de recueil, de traitement et d'évaluation des informations préoccupantes relatives aux mineurs en danger ou qui risquent de l'être, mentionnée au deuxième alinéa de l'article L. 226-3 du code de l'action sociale et des familles, les sévices ou privations qu'il a constatés, sur le plan physique ou psychique, dans l'exercice de sa profession et qui lui permettent de présumer que des violences physiques, sexuelles ou psychiques de toute nature ont été commises. Lorsque la victime est un mineur ou une personne qui n'est pas en mesure de se protéger en raison de son âge ou de son incapacité physique ou psychique, son accord n'est pas nécessaire.

(Le troisième alinéa ne concernant pas notre sujet il n'est pas reproduit). Ainsi les dispositions du 1° et le 2° de l'article 222-13 permet la levée du secret professionnel dans les situations de pédophilie : atteintes sexuelles sur mineur ou situation de mineur en danger. La question du secret se pose également pour les membres de l'Eglise qui ont une obligation théologique de secret absolu de la confession. La loi reconnaît aux prêtres la possibilité du secret du fait de l'article 226-13. Cependant la loi relève l'obligation au secret de la même manière pour les prêtres que pour les autres professions. Aussi, bien que pour l'Eglise le secret de la confession est absolu, il ne l'est pas pour la République. De plus les affaires de pédophilie au sein de l'Eglise catholique ont conduit à préciser cette question. Ainsi Monseigneur Pican a été condamné à trois mois de prison avec sursis le 4 septembre 2001 pour non-dénonciation de faits de pédophilie[96].

Qui plus est, le secret professionnel ne vaut pas pour la non-assistance à personne en danger. Aussi même les personnes astreintes au secret ont l'obligation d'agir pour porter assistance à une personne en péril. La loi prévoit au dernier alinéa de l'article 223-6 que cette assistance peut être de provoquer un secours. Dans la situation d'acte de nature pédophilique, il s'agira donc bien souvent de dénoncer l'acte afin qu'il y soit mis fin. Aussi l'obligation de « dénonciation » au sens large vaut pour quiconque a connaissance que des actes de nature pédophilique sont commis. En plus de la levée du secret professionnel, l'immunité donnée aux parents en ligne directe et leurs conjoints ainsi que les frères et sœurs et leurs conjoints de l'auteur ou du complice du crime ainsi que le conjoint de l'auteur ou du complice du crime, ou la personne qui vit notoirement en situation maritale avec lui par l'article 434-1 du CPP est également levée en ce qui concerne les crimes commis sur les mineurs de 15 ans par l'article 434-1 lui-même.

Certaines catégories de personnes ont un statut particulier vis-à-vis de la dénonciation d'acte de pédophilie. Les fonctionnaires ont une obligation particulière du fait de l'article 40 du CPP qui prévoit dans son dernier alinéa que :

---

[96] CEDILE (G.), *La pédophilie les leçons du procès d'Outreau, op.cit*, p. 90

« Toute autorité constituée, tout officier public ou fonctionnaire qui, dans l'exercice de ses fonctions, acquiert la connaissance d'un crime ou d'un délit est tenu d'en donner avis sans délai au procureur de la République et de transmettre à ce magistrat tous les renseignements, procès-verbaux et actes qui y sont relatifs ». Sont notamment concernés les fonctionnaires de l'éducation nationale. De plus, la loi du 10 juillet 1989 relative à la prévention des mauvais traitements à l'égard des mineurs et à la protection de l'enfance, dans son article 68 paragraphe 2, fait obligation à l'ensemble des services et établissements publics et privés, susceptibles de connaître la situation de mineurs maltraités, de signaler de tels cas dès qu'ils en ont connaissance[97]. Ceci suppose de ne pas tarder dans la dénonciation.

Les fonctionnaires d'une école sont responsables des enfants, ils sont de plus des agents de l'Etat et ont à cet égard un devoir de protection des enfants. L'école est de surcroît un lieu particulièrement important pour les enfants qui pourront y trouver des gens à leur écoute. Les écoles comportent une multitude de personnels susceptibles de recueillir les propos d'un enfant victime, ne serait-ce que le médecin scolaire par exemple. En revanche l'école peut aussi être le lieu de victimisation et de danger pour l'enfant. Francis Ancibure et Marivi Galan-Ancibure évoquent par exemple l'affaire de Roch-François Ferré en 1842, un instituteur multirécidiviste[98]. L'affaire est ancienne, mais toujours d'actualité, pour ne citer qu'un exemple, l'éducation nationale a radié 30 membres de l'enseignement pour pédophilie en 2016[99]. Dans ce cas l'école aura un devoir supplémentaire de suspendre le responsable en cas de mise en examen et du moins de pren-

---

[97] Cour de cassation chambre criminelle, 17 novembre 1993, n° de pourvoi 93-80466

[98] ANCIBURE (F.) et GALAN-ANCIBURE (M.), *La pédophilie comprendre pour réagir*, *op.cit*, p.13

[99] Education Nationale : 30 radiation en 2016 pour pédophilie et pédopornographie, *RTL.fr*, 23 février 2017

dre des mesures nécessaires à soit mettre fin aux actes pédophiliques soit de se renseigner sur la véracité des faits[100], sans quoi la responsabilité pénale de la personne concernée pourra être engagée sur le fondement de l'article 223-6 du CP ou autre suivant les cas.

Enfin, il appartient aux médecins de dénoncer des actes de nature pédophilique ainsi qu'aux acteurs de l'assistance éducative (assistants sociaux, éducateurs, etc.). Les médecins sont susceptibles d'avoir connaissance d'actes de nature pédophilique à l'occasion d'examens médicaux quel qu'ils soient ou en recueillant directement la parole de l'enfant, voir du pédophile (pour des psychiatres essentiellement). Ils doivent signaler ce type d'acte, leur obligation au secret professionnel étant levée comme vu précédemment. Les professionnels de la santé et du secteur social ont des connaissances particulières liées à l'exercice de leur métier. De ce fait les juges sont plus sévères quant à l'appréciation des faits, notamment en ce qui concerne la connaissance du danger que subit l'enfant[101] ainsi que leur obligation de s'informer en cas de doute sur la situation. Ils doivent au-delà d'une action immédiate avoir une action adéquate. Ainsi une assistante sociale, un psychologue, un psychiatre et le directeur d'un service de placement familial ont été condamnés pour n'avoir pas pris les mesures nécessaires à l'égard de la situation de viol régulier d'un enfant de 7 ans placé[102].

Dans cette optique de protection de l'enfant qui anime le droit, afin de faciliter la dénonciation qui est une obligation générale valant pour tous, des procédures de signalements ont été mises en place.

---

[100] Cour de cassation chambre criminelle, 9 avril 1997, n° de pourvoi 96-84431

[101] Cour de cassation chambre criminelle, 25 octobre 1994, n° de pourvoi 94-84072. Ici la personne condamnée est la mère de la victime, mais infirmière et s'étant abstenue de dénoncer les faits alors que sa qualification professionnelle la rendait plus sensible à ces faits.

[102] Cour de cassation chambre criminelle, 8 octobre 1997, n° de pourvoi 94-84801

B. La procédure de signalement

La procédure de signalement est encadrée par le droit. La mission de recueil, traitement et évaluation des informations est donnée au président du conseil départemental. Depuis la loi du 10 juillet 1989, la protection de l'enfance s'était inscrite dans la stratégie de décentralisation. La loi du 14 mars 2016 dénote toutefois d'une reprise en main par l'Etat de la question. Une procédure permettant le recueil massif d'informations a donc été mise en place grâce notamment à un service téléphonique. Les signalements effectués sont alors évalués par une équipe de professionnels pluridisciplinaire afin que des mesures soient immédiatement prises ou que les faits soient dénoncés à l'autorité judiciaire.

La dénonciation faite par les personnes citées précédemment passe en général par une procédure de signalement. Pour les non-professionnels de la santé ou du secteur social le signalement est d'abord informel, c'est-à-dire qu'il consiste à signaler à des professionnels de la santé ou du secteur social les comportements pédophiles qu'ils constatent ou qu'ils suspectent. Il est aussi possible de faire une dénonciation directement au procureur de la République ou ses substituts, aux policiers ou aux gendarmes, le préférable étant de le faire à une brigade des mineurs ce qui est le plus efficace. Geneviève Cédile relève que « la brigade des mineurs de Reims effectue 600 signalements par an dont la moitié débouche sur des procédures criminelles. 80% des affaires se terminent en Cour d'Assises »[103]. Les articles 434-1 et 434-3 du CP donnent obligation de faire la dénonciation aux autorités judiciaires ou administratives. L'article 223-6 du CP lui donne obligation de provoquer les secours. Ces trois articles proposent donc un ensemble large de personnes à qui dénoncer les faits.

---

[103] CEDILE (G.), *la pédophilie les leçons du procès d'Outreau*, *op.cit*, p.87

En matière de signalement, la loi du 10 juillet 1989 relative à la prévention des mauvais traitements à l'égard des mineurs et à la protection de l'enfance, la loi du 5 mars 2007 réformant la protection de l'enfance et la loi du 14 mars 2016 relative à la protection de l'enfant définissent le cadre légal de la dénonciation. Dans une large mesure les signalements sont pris en charge au niveau départemental avec le Conseil Général qui joue « un rôle centralisateur des actions de prévention, des dépistages et d'évaluation pour l'enfance en danger »[104]. Depuis la loi du 14 mars 2016, l'Etat souhaite reprendre la main en la matière et il est, à ce titre, créé un Conseil national de la protection de l'enfance auprès du premier ministre. Ce conseil est chargé « de proposer au Gouvernement les orientations nationales de la politique de protection de l'enfance, de formuler des avis sur toute question s'y rattachant et d'en évaluer la mise en œuvre. Ce conseil promeut la convergence des politiques menées au niveau local, dans le respect de la libre administration des collectivités territoriales »[105]. Il est également prévu qu'un protocole est établi dans chaque département par le président du conseil départemental avec les différents responsables institutionnels et associatifs du secteur de la protection de l'enfance. Ce protocole « définit les modalités de mobilisation et de coordination de ces responsables autour de priorités partagées pour soutenir le développement des enfants et prévenir les difficultés auxquelles les parents peuvent être confrontés dans l'exercice de leurs responsabilités éducatives »[106]. Dans la même optique de reprise en main de la protection de l'enfance par l'Etat, il est prévu obligation pour le président du conseil départemental d'informer sans délai le préfet « de tout événement survenu dans un établissement ou service qu'il autorise, dès lors qu'il est de nature à compromettre la santé, la sécurité, l'intégrité ou le bien-être

---

[104] *Signaler et après ?* Eres, 2005, p.34

[105] LOI n° 2016-297 du 14 mars 2016 relative à la protection de l'enfant, article 1

[106] *Ibid*, article 2

physique ou moral des enfants accueillis »[107]. Il est également mis en place dans chaque département un médecin référent « protection de l'enfance » en charge « d'organiser les modalités de travail régulier et les coordinations nécessaires entre les services départementaux et la cellule de recueil, de traitement et d'évaluation des informations préoccupantes, d'une part, et les médecins libéraux et hospitaliers ainsi que les médecins de santé scolaire du département, d'autre part »[108]. La loi du 14 mars 2016 prévoit enfin une multitude de dispositions renforçant la prise en charge des enfants dans son Titre II nommé « sécuriser le parcours de l'enfant en protection de l'enfance ».

Le président du conseil départemental est chargé du recueil, du traitement et de l'évaluation des signalements par l'article L-226-3 du code de l'action sociale et des familles. Participent à cette fin au dispositif départemental « les services publics, ainsi que les établissements publics et privés susceptibles de connaître des situations de mineurs en danger ou qui risquent de l'être ». Cette mission lui incombe à tout moment et quel que soit l'origine des informations. Il reçoit au titre de cette mission le soutien du préfet et de l''autorité judiciaire. L'article L-226-3 prévoit également que l'évaluation de la situation de l'enfant qui suit la réception d'une information préoccupante est effectuée par « une équipe pluridisciplinaire de professionnels identifiés et formés à cet effet. A cette occasion, la situation des autres mineurs présents au domicile est également évaluée ». S'il s'avère nécessaire, il est procédé à la suite de cette évaluation à un signalement à l'autorité judiciaire.

Dans le cadre du recueil d'informations, un service d'accueil téléphonique gratuit fonctionnant 24 heures sur 24 permettant de faire monter toutes les informations au conseil départemental est mis en place au niveau national (le numéro

---

[107] *Ibid*, article 4

[108] *Ibid*, article 7

vert 119). Le conseil départemental pourra ainsi compléter le signalement en précisant à l'autorité judiciaire ou administrative ce qui a déjà été entrepris dans le cadre de la protection de l'enfant en question, et, qui plus est, il tient au courant la personne qui lui a signalé un mauvais traitement des suites de la procédure. Les autres services de protection de l'enfance peuvent également recevoir des signalements (le Service départemental de l'Aide Sociale à l'Enfance, Service de Protection maternelle et infantile, etc.).

Le signalement doit contenir le maximum d'informations sur l'enfant visé, sa situation, mais également sur la personne signalant le mauvais traitement, les circonstances de la révélation, et de façon générale, tout élément qui permettra d'éclairer les autorités sur les faits et leur crédibilité. Ce signalement doit être fait par écrit pour les professionnels, même après un appel au service téléphonique. La qualité du signalement est capitale puisque celui-ci déterminera les suites de l'affaire. Si une situation ou des actes de pédophilies de nature criminelle sont commis, mais que le signalement est flou et peu circonstancié, il pourrait être décidé de ne pas y donner suite. Ce système permet un recueil massif d'informations préoccupantes concernant des mineurs. De plus, notamment par l'évaluation pluridisciplinaire, les signalements seront orientés au mieux afin que des poursuites soient engagées ou non. Les simples soupçons sont ainsi, dans la mesure du possible, vérifiés par les enquêteurs sociaux afin qu'une procédure pénale ne soit pas engagée à tort, ce qui n'est pas toujours le cas.

§ 2. Les dénonciations abusives

Le signalement, et plus précisément la dénonciation, peut être abusif, aussi le droit prévoit une protection contre celui-ci. En effet, accuser quelqu'un de pédophilie entraîne contre lui une procédure qui sera particulièrement infamante. Il arrive par exemple que des arrestations poussent au suicide la personne concernée, innocente ou coupable[109]. Ce genre de cas n'est pas un indicateur de culpabilité ou d'innocence du mis en cause, cela démontre seulement la force de la pression sociale, de l'opprobre et de la vindicte publique. Il existera toujours dans la tête des gens une suspicion du fait d'une mise en cause dans une telle affaire. « Calomniez, calomniez, il en restera toujours quelque chose » disait Francis Bacon. Aussi lorsque l'honneur d'une personne est entaché à tort (A), celui-ci doit, dans la mesure du possible, être restauré. C'est pourquoi le CP prévoit plusieurs infractions protégeant les personnes contre les dénonciations abusives (B).

A. Les circonstances d'une dénonciation abusive

S'il est bon de signaler des comportements pédophiliques, il n'est pas forcément bon que tout le monde puisse dénoncer tout et n'importe quoi. Des affaires telles que celle de Marc Dutroux ont popularisé la figure d'un pédophile particulièrement monstrueux qui effraie au plus haut point la population. Aussi au moindre soupçon de pédophilie une vindicte implacable s'abat sur la personne mise en cause. Geneviève Cédile utilise le terme de « chasse aux sorcières »[110] pour demander de ne pas s'y livrer. « Des dénonciations non fondées existent et entraînent, pour la personne innocente faussement accusée des répercussions psychologiques, familiales et professionnelles souvent dramatiques et irréversibles »[111]. A ce sujet, le film « La chasse » de Thomas Vinterberg dépeint la descente aux enfers d'un innocent accusé à tort de pédophilie. Nous pouvons y voir une représentation cinématographique de ce qu'est cette chasse aux sorcières moderne. Les dénonciations de ce genre

---

[109] Suicide du directeur d'école soupçonné de pédophilie : « la colère » des victimes, *Le Parisien*, 5 avril 2016. Suicide et correctionnelle pour un soupçon de pédophilie, *Libération*, 23 mai 2001.

[110] CEDILE (G.), *la pédophilie les leçons du procès d'Outreau*, *op.cit*, p.16

[111] *Ibid* p. 16

sont abusives et peuvent trouver leurs sources dans de simples erreurs d'appréciation, dans une volonté de nuire à la personne qui en fait l'objet ou dans des faux témoignages d'enfant.

Les signalements non fondés vont donc bon train. Le nombre de dénonciations d'acte réel de pédophilie a certes augmenté depuis quelques années, mais avec lui le nombre de dénonciations calomnieuses. Ceci s'explique par plusieurs raisons. La population est très sensibilisée à l'existence de la pédophilie sans être sensibilisée à ce qu'elle est réellement. Avant de savoir que cela existait personne ne pouvait la voir nulle part, aujourd'hui tout le monde peut la voir partout. Geneviève Cédile dit à ce propos : « à présent on va trop loin dans la fixation de l'imprécise frontière entre d'une part les actes délictuels répréhensibles, et d'autre part les actes habituels et normaux de la vie courante en société. Et l'on en arrive ainsi à des dénonciations abusives qui sont une conséquence de l'effet pervers de l'information »[112]. Ainsi la population ne sait plus faire la différence entre la tendresse qu'il est normal d'avoir avec un enfant et des actes de pédophilie. Mme P. tient les mêmes propos : « de plus en plus de gens appellent mon association pour des soupçons. Ils ont peur d'une personne trop proche de leurs enfants, avec des comportements ambigus. Ils ne savent pas eux même situer la limite entre comportements normaux et comportements interdits »[113]. La popularisation de la figure du pédophile entraîne cet effet pervers de peur généralisée qui conduit à voir des pédophiles là où il n'y en a pas.

L'augmentation de signalements abusifs trouve également source dans des cas moins louables que dans des soupçons infondés. En effet, les demandes de divorces sont souvent accompagnées de plainte pour violence contre le mari. Depuis que la pédophilie fait bonne presse, les maris

---

[112] *Ibid*

[113] Rapport d'entretien avec Mme P., Annexe 2

sont devenus pédophiles plutôt que violents. A ce sujet Francis Ancibure et Marivi Galan-Ancibure écrivent : « jusqu'à présent, lorsqu'un couple était sur le point de se séparer, apparaissaient parfois des plaintes relatives à des violences conjugales qui pouvaient s'avérer réelles ou être imaginaires. Depuis quelques années, ces griefs prennent volontiers l'allure d'accusation de comportement pédophile »[114]. Lorsqu'il y a dénonciation calomnieuse, il arrive souvent que cela soit dans le cadre d'un divorce. L'indignation que suscite la pédophilie n'échappe à personne, aussi certains peuvent s'en servir comme d'une arme afin d'arriver à leurs fins, que cela soit pour une pension, la garde des enfants ou une simple vengeance. Geneviève Cédile dit à ce sujet que l'enfant peut être manipulé dans ce sens : « on rencontre de plus en plus souvent lors de divorces conflictuels entre parents [des] jeunes enfants manipulés par la mère pour accuser le père afin de supprimer son droit de garde et de visite »[115]. La sociologue Evelyne Sullerot ainsi que la vice-présidente du Tribunal de Grande Instance de Paris Sylvaine Courcelle estiment à 30% le nombre des allégations qui seraient fondées et parlent d'une véritable épidémie dans les divorces conflictuels[116]. D'où l'importance de protéger le droit à l'honneur.

Les dénonciations calomnieuses peuvent également exister à des fins pécuniaires. Les juges pénaux ont en effet compétence pour statuer sur les intérêts civils, aussi un pédophile doit réparation des dommages qu'il a causés à sa victime. Il est donc possible que des mauvaises dénonciations soit le résultat du caractère vénal du dénonciateur qui sera en général la famille de la victime. Mme P. rapporte ainsi que : « ça a été le cas, par exemple, du procès d'un pauvre type qui n'a pas un sou. Il était certes coupable, mais les faits

---

[114] ANCIBURE (F.) et GALAN-ANCIBURE (M.), *La pédophilie comprendre pour réagir*, *op.cit*, p.191

[115] CEDILE (G.), *la pédophilie les leçons du procès d'Outreau*, *op.cit*, p.59

[116] L'arme du soupçon d'inceste, *L'express*, 15 avril 1999

ont été exagérés par dix lors du procès par la famille de la victime. Ils obtiennent 180 000 € de dommages et intérêts et rigolent ensemble dans la joie à la sortie du procès »[117]. L'auteur dans ce cas est certes coupable, il n'en reste pas moins qu'il y a eu, vraisemblablement dans cette affaire, un abus sur les faits dénoncés afin d'obtenir plus de dommages et intérêts. Mme P. dit également que : l' « une des principales motivations pour dénoncer les faits est l'argent. Désormais la morale passe après les motivations pécuniaires »[118]. Cette motivation vénale suscite en elle-même peu de dénonciations totalement infondées. Mais en addition avec la méconnaissance de ce qu'est la pédophilie et l'utilisation calculée dans un divorce, cela vient multiplier le nombre de dénonciations calomnieuses et contribue à en exagérer la teneur.

Dans d'autres cas la dénonciation calomnieuse peut résulter de la seule parole de l'enfant. Il arrive que des enfants affabulent. Geneviève Cédile décrit plusieurs cas.

D'abord l'enfant peut donner corps à ses fantasmes. Geneviève Cédile rapporte ainsi le cas d'Ingrid, 15 ans, qui était amoureuse de son professeur de français. Elle raconte à ses amies qu'il l'a emmenée au théâtre et embrassée alors qu'il ne s'agit que d'une rêverie. Elle s'enferme dans son mensonge qui devient plus lourd, mais une de ses amies en parle à sa mère, qui en parle au directeur de l'établissement scolaire tout en exagérant les propos précédents[119]. Le film *Les risques du métier*[120] est très illustratif de ce cas de fantasmes qui prennent corps dans un mensonge. Ensuite l'enfant peut réellement confondre ses désirs avec la réalité. Il arrive aussi qu'il soit suggestible et par exemple répondre oui à toutes les

---

[117] Rapport d'entretien avec Mme P., Annexe 2

[118] *Ibid*

[119] CEDILE (G.), *la pédophilie les leçons du procès d'Outreau*, *op.cit*, p.58

[120] Film d'André Cayatte de 1967 avec Jacques Brel, Emmanuelle Riva et René Darry. Le film est inspiré du livre : *Les risques du métier* de Jean et Simone Cornec.

questions directrices que lui posent ses parents afin d'éviter une punition. Il arrive que l'enfant soit consciemment affabulateur voir mythomane. Enfin, l'affabulation de mauvais traitement peut être le résultat d'un trouble mental du parent. Le syndrome de Münchausen par procuration est la tendance de la personne atteinte du trouble à provoquer, exagérer et feindre un des problèmes de santé graves sur la personne d'un enfant dont elle à la charge. D'après la classification du DSM-V il s'agit d'un « trouble factice infligé à autrui ». Ce trouble inclut parfois de fausses allégations d'abus sexuel[121].

Dans de nombreux cas, un acte de pédophilie peut être imputé à tort à un innocent du fait de dénonciations abusives. En plus de causer du tort à un innocent, un trop-plein de dénonciations abusives pourrait remettre en cause de façon généralisée la véracité des cas réels de pédophilie. Comme l'enseigne Esope, il ne faut pas crier au loup quand il n'y a pas de loup.

B. La réponse aux dénonciations abusives : la dénonciation calomnieuse, mensongère et la diffamation

En contrepartie des infractions prévoyant l'obligation de dénonciation, le droit prévoit les cas où ces dénonciations seraient abusives. S'il est juste de protéger les enfants en toutes circonstances il n'est pas juste de permettre que des personnes abusent de l'obligation de dénonciation au préjudice d'innocents. Aussi le Code pénal prévoit un triptyque d'infraction ayant vocation à protéger le droit à l'honneur des personnes contre des allégations fallacieuses que sont la dénonciation calomnieuse, la dénonciation mensongère et la diffamation. En revanche, et toujours dans l'optique de protection des enfants que pose le droit, une dénonciation même fausse peut être faite de bonne foi. Ceci permet qu'en

[121] DALIGAND (L.), *l'enfant et le diable*, *op.cit*, p. 139

cas de soupçons réels, même s'ils s'avèrent infondés par la suite, le risque de laisser un enfant en danger ne soit pas pris. Si l'auteur de la dénonciation pouvait légitimement croire que l'enfant courait un risque, alors il ne peut être puni sur le fondement de son erreur.

L'article 226-10 du CP prévoit que : « la dénonciation, effectuée par tout moyen et dirigée contre une personne déterminée, d'un fait qui est de nature à entraîner des sanctions judiciaires, administratives ou disciplinaires et que l'on sait totalement ou partiellement inexact, lorsqu'elle est adressée soit à un officier de justice ou de police administrative ou judiciaire, soit à une autorité ayant le pouvoir d'y donner suite ou de saisir l'autorité compétente, soit aux supérieurs hiérarchiques ou à l'employeur de la personne dénoncée est punie de cinq ans d'emprisonnement et de 45 000 euros d'amende. La fausseté du fait dénoncé résulte nécessairement de la décision, devenue définitive, d'acquittement, de relaxe ou de non-lieu, déclarant que le fait n'a pas été commis ou que celui-ci n'est pas imputable à la personne dénoncée. En tout autre cas, le tribunal saisi des poursuites contre le dénonciateur apprécie la pertinence des accusations portées par celui-ci ».

L'article 434-26 du CP prévoit que : « Le fait de dénoncer mensongèrement à l'autorité judiciaire ou administrative des faits constitutifs d'un crime ou d'un délit qui ont exposé les autorités judiciaires à d'inutiles recherches est puni de six mois d'emprisonnement et de 7 500 euros d'amende ».

Enfin, l'article 29 de la loi sur la liberté de la presse du 29 juillet 1881 définit la diffamation et l'injure ainsi : « Toute allégation ou imputation d'un fait qui porte atteinte à l'honneur ou à la considération de la personne ou du corps auquel le fait est imputé est une diffamation. La publication directe ou par voie de reproduction de cette allégation ou de cette imputation est punissable, même si elle est faite sous forme dubitative ou si elle vise une personne ou un corps non expressément nommé, mais dont l'identification est rendue possible par les termes des discours, cris, menaces, écrits ou imprimés, placards ou affiches incriminés. Toute expression outrageante, termes de mépris ou invective qui ne renferme l'imputation d'aucun fait est une injure ».

Ces articles mettent en œuvre la protection juridique des personnes faisant notamment l'objet de dénonciations abusives dans les circonstances décrites précédemment.

La dénonciation mensongère a plutôt comme objectif de protéger les autorités judiciaires ou administratives contre des pertes de temps inutiles dues à de fausses allégations. Bien que la protection du droit à l'honneur ne soit pas le but premier de cet article, il reste néanmoins une défense contre les dénonciations abusives en complément de la diffamation et de la dénonciation calomnieuse.

La dénonciation calomnieuse pour qu'elle soit constituée nécessite que les faits dénoncés soient faux et que le dénonciateur en ait pleinement conscience. Il arrive que l'auteur de la dénonciation l'ait faite en toute bonne foi, persuadé de la véracité de ses dires. La bonne foi est un moyen de défense pour l'auteur d'une diffamation. Dans certains cas une partie des faits peuvent être vrais, mais ils ont été dénaturés par le dénonciateur pour les rendre délictueux ou criminels. Dans le cas de dénonciations abusives où l'auteur de la dénonciation exagère largement les faits ou leurs natures, alors la dénonciation calomnieuse s'applique, il faut cependant qu'il y ait eu une décision de relaxe, d'acquittement ou de non-lieu. C'est pourquoi la dénonciation calomnieuse ne s'applique pas dans le cas cité par Mme P., la personne ayant été tout de même condamnée malgré l'exagération des faits. Dans certains cas en revanche la dénonciation calomnieuse peut avoir un effet pervers. En effet si les faits sont réels, mais qu'ils ont été impossibles à prouver au tribunal pour de multiples raisons, alors le dénonciateur peut être poursuivi. Il s'agit là d'une sorte de punition à la dénonciation non pas fausse, mais sans preuve. Dans le cas de Sophie par exemple ses parents ont été poursuivis à la suite d'un non-lieu (Sophie parle de diffamation, mais tout laisse supposer qu'il s'agisse de poursuite pour dénonciation calomnieuse et non diffamation)[122] alors même que les faits étaient réels. La décision de non-lieu indique nécessairement qu'il n'a pas été possible de prouver les faits, aussi le pédophile a pu se retourner contre les parents de Sophie. Il semble donc nécessaire d'accuser à l'appui de preuves. Ceci est tout à fait normal. Cependant, la spécificité de la pédophilie n'usant pas la contrainte réside dans le fait qu'il n'existe, en général, pas de preuve à l'encontre du pédophile. Ces derniers sont bien souvent confondus par le nombre de témoignages qui les met en cause et donc par le nombre de victimes. Tel que le montre le cas de Sophie, un pédophile n'ayant qu'une seule victime (en tout cas à la connaissance de Sophie), ne peut pas être confondu et peut même se retourner contre ses accusateurs. Ce genre de retournement arrive également en cas de rétractation. La procédure a pu être lancée, mais la victime ne souhaite plus aller plus loin. « Lors des rétractations, on a parfois des réactions judiciaires qui aboutissent à transformer la victime de départ en coupable (dénonciation calomnieuse) »[123]. Cette infraction opère un renversement des rôles, parfois juste, parfois cruel.

Ces rétractations ne sont pas des cas isolés. « Dès le moment où l'enfant va se retrouver face à un officier de police judiciaire, il va très vite réaliser qu'au-delà de ce qu'il souhaitait en parlant, à savoir que cela s'arrête, il a mis en route une machine judiciaire dont il n'a pas la maîtrise »[124] ce qui peut le conduire à se rétracter pour s'éviter à lui-même ou à l'auteur la procédure judiciaire. C'est d'ailleurs le ressentit qu'a eu Sophie : « Très honnêtement, cette procédure

---

122 Interview de Sophie, Annexe 1

123 BONGRAIN (M.), *le « tiers » protecteur de l'enfant victime ?*, Eres, 2004, p. 28

124 *Ibid*, p.98

judiciaire s'est faite sans moi, j'ai suivi le train de la procédure, mais puisque j'étais mineure, alors mon avis, mes envies, mes besoins n'ont pas été pris en compte »[125].

Pour en revenir à la preuve, elle est un véritable problème en matière de pédophilie sans contrainte (comme exposé précédemment) et l'infraction de dénonciation calomnieuse, bien que tout à fait indispensable, renforce dans ce cas précis le problème. Ce problème est identique avec la diffamation voir bien supérieur. En cas de dénonciation calomnieuse, le juge recherche les preuves de l'infraction (au moins s'il y a une instruction puisque la dénonciation calomnieuse se fonde sur une décision de relaxe, d'acquittement ou de non-lieu). Dans la diffamation, la preuve de la réalité des allégations est un moyen de défense, comme les preuves de la bonne foi[126]. Elles doivent donc être recherchées par l'auteur de la diffamation et non par le juge. Il est donc plus que nécessaire d'accuser à l'appui de preuves dans ce cas. Le lundi 30 mai 2011, Luc Ferry est reçu sur le plateau du Grand Journal, il tient alors les propos suivants : « un ancien ministre qui s'est fait poissé à Marrakech dans une partouze avec des petits garçons [...], l'affaire m'a été racontée par les plus hautes autorités de l'Etat [...], si je sors le nom maintenant et que je lâche le nom dans la nature [...] c'est moi qui serais mis en examen, je serais à coup sûr condamné, même si je sais que l'histoire est vraie »[127]. Sans pouvoir prouver ses allégations, il ne peut que les garder pour lui. Ce discours vaut dans de très nombreux cas de pédophilie.

S'il existe juridiquement un juste équilibre entre l'obligation de dénonciation qui pèse sur tous et le risque de retour de bâton sur son auteur en cas d'erreur grâce à la notion d'abus, en matière de pédophilie, en pratique, du fait de la question de la preuve, l'équilibre n'est pas respecté. D'un

---

125 Interview de Sophie, Annexe 1

126 Cour de cassation chambre criminelle, 17 juin 2008, n° de pourvoi 07-80767

127 *Luc Ferry met en cause un ancien ministre - Le Figaro*, Youtube.fr

côté il y a trop de dénonciations abusives, d'un autre côté le véritable pédophile peut se retourner facilement contre sa propre victime grâce à ces mêmes dénonciations abusives. Mais le déséquilibre est d'autant plus grand lorsque le tiers qui fait face à un acte de pédophilie choisit le silence.

Section 2. La non-dénonciation d'un acte de pédophilie

Il existe un problème fondamental en ce qui concerne la non-dénonciation à savoir la valeur de la parole de l'enfant. En effet si l'enfant n'est pas cru, la révélation des faits qu'il entreprend ne peut que se heurter à un mur. Sans crédibilité de la parole de l'enfant, la dénonciation qui a alors été entreprise aurait autant d'effet qu'une non-dénonciation. La question de la crédibilité de la parole de l'enfant est donc cruciale (§ 1). De toute façon, que le tiers croit ou non, n'entend pas ou ne veut pas entendre l'appel à l'aide de l'enfant, la non-dénonciation n'est pas sans conséquence pour l'auteur des actes pédophiliques, l'enfant victime, ainsi que le tiers silencieux et la position de la société face à lui (§ 2).

§ 1. Non-dénonciation et crédibilité

Comme vu précédemment tout signalement ou dénonciation n'est pas nécessairement le résultat d'un acte de pédophilie réel, mais peut être abusif. De manière générale la question de la crédibilité se pose donc afin de déterminer si l'abus est réel. Si la parole de l'enfant n'est pas prise au sérieux, des abus réels peuvent ne pas être dénoncés. La crédibilité de la parole de l'enfant peut être donc remise en cause (A) et vérifiée par des examens de crédibilité (B).

A. La crédibilité de la parole de l'enfant

Il n'est pas possible de croire aveuglément la parole des enfants. En effet la parole en elle-même est un moyen faillible de preuve. Qui plus est, l'enfant lui-même est particulièrement faillible du fait de sa jeunesse. Mais il serait très dangereux pour les victimes d'abus sexuel de ne jamais les croire. C'est dans cette optique protectrice que la pensée scientifique et notamment psychologique a évolué afin de mettre à jour un maximum d'abus et considérer au mieux la parole de l'enfant. De manière générale la preuve testimoniale est imparfaite. En effet un témoignage possède plusieurs failles. De fausses informations peuvent être données avec autant de sincérité que des vraies. « Les convictions sont des ennemies de la vérité plus dangereuses que les mensonges » disait Nietzsche. En effet, un spectateur ou acteur d'un évènement en a eu sa propre perception. Sa mémoire ne peut être parfaite, ainsi que sa retranscription des faits. La personne qui recueille les faits n'est pas non plus parfaite.

La perception d'un événement peut être variable suivant l'état physique de la personne, son état psychologique, son intérêt pour l'évènement, sa proximité avec l'évènement, etc. Tout simplement une personne ayant une mauvaise vue et se trouvant loin des faits ne verra pas la même chose qu'une personne participant activement à l'évènement. De plus la fixation de l'évènement, c'est-à-dire sa mémorisation par la personne peut également altérer la réalité des faits. Plus le temps passe plus les faits sont flous. A cela peut s'ajouter des associations d'idées, des fantasmes, des rêveries qui vont altérer l'exactitude de la situation qui a été perçue par la personne et en modifier des aspects. Qui plus est, la retranscription des faits peut poser problème. Le témoin, la victime, mais aussi l'auteur peut omettre des faits volontairement ou involontairement, les altérer volontairement ou involontairement, les exagérer volontairement ou involontairement, les minimiser, etc. lors de sa retranscription des faits. De plus, lors de cette retranscription il peut y avoir des écarts entre ce que souhaite dire la personne et ce que va comprendre son interlocuteur. Cette mésentente provient du « bruit » que décrivent Shanon et Weaver dans leur *Théorie mathématique de la communication* (1948) qui a pour conséquence d'altérer un message. De plus, l'émetteur « code » son message qui est ensuite « décodé » par le destinataire. Dans la communication par le langage courant le « codage » est culturel tout comme le « décodage ». Le sens d'un même mot peut varier en fonction des personnes qui l'utilisent. C'est pourquoi l'acte de retranscription des faits peut parfois induire en erreur. Enfin l'état d'esprit de celui qui écoute joue aussi un rôle prépondérant. Celui-ci peut ne pas être impartial et rejoindre la cause de l'enfant, ses émotions prenant le pas sur sa raison. Le docteur Alphonse Motet dans *Les faux témoignages des enfants devant la justice*, Archives d'anthropologie criminelle, 1887, dont les propos sont rapportés par Francis Ancibure et Marivi Galan-Ancibure, dit que : « rien n'est plus émouvant que le récit d'un enfant racontant les détails d'un crime. La naïveté du langage, la simplicité de la mise en scène accroissent singulièrement l'intérêt entraînant la confiance. L'entourage se laisse aisément gagner par une émotion qui va grandissant toujours, se doublant de l'indignation et de la pitié qu'inspire une monstrueuse aventure »[128]. Ceci vaut pour le policier, le thérapeute, l'assistant social et n'importe quel autre interlocuteur de l'enfant. L'empathie ressentie pour l'enfant du fait de son récit peut provoquer un transfert d'émotion de la victime vers son interlocuteur. Cependant les acteurs de la protection de l'enfant doivent prendre leur décision avec leur raison et non leur émotion. Ils doivent rester impartiaux. Sans quoi les actions menées pourront être disproportionnées et causer plus de dommages qu'elles ne sont censées en épargner. Ils peuvent également croire aveu-

---

[128] ANCIBURE (F.) et GALAN-ANCIBURE (M.), *La pédophilie comprendre pour réagir, op.cit*, p. 185

glément et à tort le récit d'un enfant. L'affaire d'Outreau est l'exemple le plus célèbre en France de mensonges d'enfants ayant eu des conséquences désastreuses.

De manière générale, la parole, de qui que ce soit, est donc faillible. Elle peut être la vérité, mais pas l'exactitude ou l'inverse. L'enfant à des spécificités psychologiques du fait de son jeune âge. Il est notamment suggestible. Sur ce sujet, Francis Ancibure et Marivi Galan-Ancibure empruntent le terme de « parole soufflée » à Antoine Artaud qui est « celle qui s'impose à l'être humain, alors qu'il croit parler en son nom propre hors de l'influence de l'autre »[129]. Une expérience menée par Ceci et Burk dans les années 1990 traite de la suggestibilité des enfants. Sur quarante enfants, lors de la visite pédiatrique annuelle, une moitié faisaient l'objet d'un examen complet (le médecin touchait les fesses et les organes génitaux) et l'autre moitié ne font l'objet que de questions sans attouchement. Après l'examen il est demandé à chaque enfant s'il a été touché à des endroits spécifiques en utilisant une poupée anatomique pour désigner les endroits. La moitié des enfants non touchés répondent avoir été touchés et désignent l'endroit sur la poupée et moins de la moitié des enfants ayant été touchés font de même. L'enfant ne ment pas vraiment, il réagit en fonction de l'autre. Il en adopte aussi la parole. « C'est en cela que l'on peut dire que l'enfant dit toujours la vérité – même quand ce n'est pas exact. C'est pourquoi Motet parle dans le cas de certains faux témoignages de « convictions sincères » chez l'enfant. Car il souscrit à ce que l'autre lui impute avoir vécu ; il dit la vérité de l'autre »[130]. Freud dit également qu'« il est naturel que les enfants mentent lorsque ce faisant ils imitent les mensonges des adultes »[131].

---

[129] *Ibid*, p. 180

[130] *Ibid*, p. 188

[131] *Ibid*, p. 70, les auteurs citent Freud, « Deux mensonges d'enfant », in *Névrose, psychose et perversion*, PUF, 1974, p. 183

Ce type de spécificités que possèdent les enfants ont conduit à les considérer de manière générale comme des affabulateurs. Le crédit qui est accordé à leur parole varie en fonction des époques et des avancées en médecine légale, psychiatrie, psychologie et psychanalyse. De grands médecins comme Adolphe Toulmouche, Ambroise Tardieu, Alexandre Lacassagne, Paul Brouardel étudient successivement les enfants victimes d'abus sexuels et font progresser la science sur le sujet. Peu à peu l'impensable est pensé, les abus sexuels sur mineurs deviennent une réalité pour la société. Cependant ce n'est pas pour autant qu'une confiance totale en la parole de l'enfant soit accordée. A ce sujet le docteur Thoinot (1858-1915) dont les propos sont rapportés par Anne-Claude Ambroise-Rendu, s'adressant aux étudiants de médecine légale à propos des soupçons sur les faux témoignages et la théorie des faux attentats sur les enfants, dit : « rappelez-vous, messieurs, que chaque fois que vous vous trouvez comme expert en présence d'un enfant prétendu victime d'un attentat, vous devez être sur vos gardes : la défiance sera dans l'espèce la première règle d'expertise »[132]. Le docteur Thoinot impose la défiance comme première règle d'expertise et il est de manière générale très réticent à croire les propos d'un enfant : « c'est l'enfant qui prend le premier rôle actif ; c'est lui qui invente l'attentat de toutes pièces ; il ment, et le mobile de son mensonge est d'une psychologie assez variée »[133]. Ainsi le postulat de base qui régnait jusque dans les années 1950 était la mythomanie infantile comme féminine[134]. Aujourd'hui les mentalités sur le sujet ont évolué. Cependant le mensonge de l'enfant est encore largement envisageable. Mais il peut aller dans les deux sens. Un enfant peut délibérément inventer un abus, mais également

---

132 AMBROISE-RENDU (A-C.), *Histoire de la pédophilie XIXème – XXIème siècle*, *op.cit*, p. 75

133 ANCIBURE (F.) et GALAN-ANCIBURE (M.), *La pédophilie comprendre pour réagir*, *op.cit*, p. 179. Les propos du docteur THOINOT sont cité par l'auteur.

134 *Ibid*, p. 180, les auteurs s'appuient sur *Les experts judiciaires face à la parole de l'enfant* (1999) de DARYA VASSIGH (D.).

délibérément en cacher un : « bien souvent les enfants mentent quand ils déclarent à l'adulte qui suspecte un abus sexuel : « il ne s'est rien passé » »[135]. Les théories psychanalytiques jouent aussi un rôle important dans la mise en question de la parole de l'enfant. Les théories sur les fantasmes, la sexualité infantile, le complexe d'Œdipe notamment poussent les psychanalystes à s'interroger sur la réalité de certains récits. L'enfant mélange ses fantasmes à sa réalité sans distinction et peu donc parler d'un abus qu'il n'a fait que fantasmer par exemple parce qu'il désire son parent de sexe opposé, ce qui relève du complexe d'Œdipe. La possible réalité des abus n'est pas totalement occultée par la psychanalyse, mais il arrive en revanche que lorsque les propos de l'enfant sont tenus pour vrais, le psychanalyste rejette la faute sur l'enfant qui était d'après Freud « un pervers polymorphe » (qualification qu'il fait en 1917). En effet, en ce qui concerne l'inceste principalement, ce serait l'enfant qui serait demandeur de relations sexuelles avec le parent de sexe opposé. Cette théorie a eu une forte influence, elle est relayée en France notamment par Françoise Dolto. Mais les mentalités changent. Respectivement psychologue et psychologue/psychanalyste, Francis Ancibure et Marivi Galan-Ancibure disent à ce sujet que « l'idéologie de la perversité de l'enfant a des effets sur les affaires de pédophilie par la déformation du regard porté sur elles. C'est ainsi que J. Masson, dans son étude sur les abus sexuels, est tant convaincu de l'innocence et de l'absence de perversion polymorphe chez l'enfant, qu'il donne une lecture erronée de Fournier et Freud : s'ils mettent en question la parole d'un enfant, c'est qu'ils couvrent les agissements d'un adulte ! A l'inverse, Denis Darya Vassigh est convaincu de la perversité… des médecins »[136]. Les mentalités ont tant évolué que certains se sont mis à penser l'extrême opposé.

Aujourd'hui la défiance reste importante en ce qui concerne l'examen de la parole d'un enfant. Cependant elle est

---

[135] *Ibid*, p. 180
[136] *Ibid*, p. 70

bien mieux prise en compte et n'est pas considérée arbitrairement comme non crédible ou au contraire crédible. Puisqu'un témoignage n'est jamais parfait et peut même être mensonger, il s'avère donc nécessaire d'en examiner la crédibilité.

B. L'examen de crédibilité et son cadre juridique

Les allégations des enfants ne pouvant être crues aveuglément, le droit a posé un cadre juridique pour donner un statut particulier à sa parole. En plus de la procédure de signalement vue précédemment, le droit prévoit comment doit être prise la parole de l'enfant au stade de l'enquête préliminaire et de l'instruction notamment. Les lois du 5 mars 2007 réformant la protection de l'enfance ainsi que du 14 mars 2016 relative à la protection de l'enfant, dans l'optique indiquée par leur nom de protection de l'enfant, prévoient des règles spéciales concernant les mineurs. Leur parole peut être examinée au sein d'un examen psychologique permettant de détecter des anomalies dans leur discours ou au contraire, renforcer la valeur probante de leur témoignage. La méthodologie de cet examen n'est pas déterminée par le droit, mais par la pratique clinique.

Ainsi dans un Titre dix-neuvième du CPP « de la procédure applicable aux infractions de nature sexuelle et de la protection des mineurs victimes » l'article 706-48 prévoit que les mineurs victimes des infractions listées par l'article 706-47 du CPP[137] peuvent faire l'objet d'une expertise médico-psychologique. Si un mineur est victime de l'une de ces infractions, le juge des enfants doit être averti sans tarder par le juge d'instruction ou le procureur de la République (article 706-49 du CPP). Le juge d'instruction ou le procureur de la République saisi des faits désigne un administrateur *ad hoc* lorsque la protection des intérêts de l'enfant n'est pas assurée

[137] Les infractions listées par cet article sont celles prévues aux articles 222-23 à 222-31, 225-4-1 à 225-4-4, 225-7 1°, 225-7-1, 225-12-2 et 227-22 à 227-27 du CP.

par ses représentants légaux ou l'un d'entre eux (article 706-50 du CPP). Cet administrateur *ad hoc* doit être nommé parmi les proches de l'enfant ou parmi une liste de personnalités (article 706-51). Au cours de l'enquête et de l'information, l'audition d'un mineur victime de l'une des infractions mentionnées à l'article 706-47 du CPP fait l'objet d'un enregistrement visuel (article 706-52 du CPP). La loi du 5 mars 2007 a rendu systématique cet enregistrement en supprimant la condition de consentement de l'enfant ou de son représentant légal. La description répétée par l'enfant de l'abus qu'il a subi peut-être pour lui un second traumatisme. La victime peut en effet revivre son traumatisme en en reparlant. Les enquêtes judiciaires nécessitent de nombreux témoignages répétés : aux policiers, aux experts, au juge, etc. Qui plus est, répéter la description d'un évènement ne rendra pas celle-ci plus exacte, au contraire. C'est pourquoi l'enregistrement audiovisuel, permettant d'éviter les répétitions d'auditions a été systématisé. Quelques autres règles sont prévues dans ce titre, notamment l'accompagnement par un avocat de l'enfant mineur victime des infractions listés par l'article 706-47 du CPP lorsqu'il est entendu par le juge d'instruction (article 706-51-1 du CPP), il peut également être accompagné à tout moment de la procédure par son représentant légal et une personne majeure de son choix, et au cours des auditions ou confrontation le mineur peut être accompagné d'un psychologue ou d'un médecin spécialiste de l'enfance ou d'un membre de sa famille ou de son administrateur *ad hoc* ou encore une personne chargée d'un mandat du juge des enfants (article 706-53 du CPP).

Lorsqu'un enfant allègue une agression sexuelle, il arrive souvent qu'aucune constatation physique n'ait pu être faite du fait notamment du caractère non violent de l'acte pédophilique. Qui plus est l'auteur présumé peut nier les faits. Si la victime présumée est le seul témoin direct, elle n'a alors pour elle que sa seule parole. Dans ce contexte la justice invite un expert psychologue à apporter une aide technique (comme tout expert) dans le but de caractériser l'infraction (ou non). L'expert participe ainsi à la manifestation de la vérité par son examen psychologique au cours duquel il effectue un examen de crédibilité.

Ces examens de crédibilité s'inscrivent dans ce cadre légal spécifique aux mineurs ainsi qu'au cadre légal de droit commun de l'expertise prévue au Titre III du CPP dans une section IX : *De l'expertise* (article 156 à 169-1 du CPP). Une expertise ordonnée dès le stade de l'enquête par le procureur de la République n'est pas, dans ce cas, à proprement parler « une expertise psychologique », mais un « examen psychologique » : « composante psychologique d'une expertise médico psychologique, ayant le plus souvent pour objet des sujets victimes ou se présentant comme tels »[138]. L'expert désigné sur une liste d'experts dressée par une Cour d'Appel agit du fait d'une réquisition à personne ordonnée par le procureur de la République compétent. Il est tenu de répondre à des questions d'ordre technique, pour cela il use des méthodes définies par la science dont il est expert et non définies par le droit.

Les examens de crédibilité ont été rediscutés en 2006 par un groupe de travail de la Garde des Sceaux après le scandale d'Outreau. L'objet de l'examen de crédibilité « était de déterminer la présence ou l'absence de pathologie mentale de type mythomanie ou affabulation chez la victime en l'absence de telle pathologie la victime présumée est considérée comme crédible aux sens médico-légal »[139]. Ce groupe propose notamment de supprimer le mot « crédibilité » dans le libellé des missions qui sont confiées aux experts[140]. Dé-

---

138 *Expertise psychologique de l'enfant et de l'adolescent en enquête préliminaire,* thèse, Université Paris 13 – Nord Sorbonne Paris cité, 2015, p. 40

139 CEDILE (G.), *La pédophilie les leçons du procès d'Outreau, op.cit,* p. 100

140 *Expertise psychologique de l'enfant et de l'adolescent en enquête préliminaire,* thèse, *op.cit,* p. 44

sormais il ne s'agit plus de déterminer si la victime dit vrai ou non (ce que le mot « crédibilité » poussait à croire).

La mission de l'expert est maintenant de rechercher les troubles ou anomalies de la psyché de la victime présumée ainsi que son niveau intellectuel, d'analyser les circonstances de la révélation pour rechercher des facteurs d'influence des propos de la victime présumée, de décrire l'évolution psychique de la victime présumée pour voir si c'est cohérent avec un abus sexuel, d'indiquer la maturité sexuelle de la victime présumée ainsi que tout élément utile sur elle, de se prononcer sur l'opportunité d'un suivi thérapeutique. Pour cela l'expert dispose de différents outils que sont l'entretien, l'étude de crédibilité, les tests ainsi que les dessins.

L'entretien est un entretien psychologique normal. Il ne s'agit donc pas d'un interrogatoire, il n'a pas pour but de recueillir les faits ni être un témoignage. Il s'agit tout d'abord de mettre l'enfant en confiance à travers une discussion libre ou semi-directive. Il s'agit pour le psychologue d'observer l'enfant à travers son discours, ses gestes, etc. L'entretien est d'abord vague et porte sur l'enfant lui-même, ses goûts, ses activités, ses loisirs avant de rentrer plus en profondeur dans l'évènement qui l'a conduit à cette expertise. A partir de l'entretien s'effectue « l'analyse de crédibilité » ou « l'analyse de validité de la déclaration d'enfant » selon le procédé S.V.A. (Statement Validity Analysis)[141]. Cette grille d'origine allemande propose 19 critères qui sont les suivants :

Caractéristiques générales de la déclaration :

- La cohérence : l'homogénéité du récit, les frontières entre le fantasme et la réalité.
- La verbalisation spontanée : les digressions, les détails non pertinents, et le fait que l'enfant ne donne pas l'impression de réciter une leçon.

---

141 CEDILE (G.), *La pédophilie les leçons du procès d'Outreau, op.cit*, p. 102

- Les détails en quantité suffisante : en tenant compte du fait qu'un enfant de moins de 6 ans donne la plupart du temps peu de détails

Caractéristiques spécifiques :

- L'enchâssement contextuel dans le temps et dans l'espace, par exemple un lieu particulier : un garage ; ou un moment particulier : le jour d'un anniversaire.
- La description des interactions : la séquence concrète mettant face à face l'agresseur et sa victime.
- Le rappel de conversation : une phrase dite par l'abuseur.
- La référence à des complications inattendues, par exemple l'arrivée inopinée d'un tiers qui a fait avorter l'action.

Particularités du contenu :

- Les détails inusités : par exemple : « il me caressait tout le corps avec une plume de paon ».
- Les détails périphériques : la victime a utilisé un de ses cinq sens pendant l'abus, par exemple : « il sentait l'alcool, ou j'ai entendu de la musique dans la chambre de mon frère à côté ».
- Les détails non compris, mais rapportés de façon exacte, par exemple : « il a fait pipi sur moi, mais c'était du pipi blanc » ou : « il avait mal il gémissait ».
- Référence à des incidents extérieurs, par exemple l'ambiance érotico malsaine de l'abus.
- Référence à ses propres états psychologiques. Par exemple si l'enfant dit qu'il a ressenti du dégoût, de la peur, de l'embarras ou du plaisir.
- Attribution d'un état psychologique à l'abuseur, par exemple : « il pensait que j'aimerais faire ça ».

Contenus relatifs aux motivations de la déclaration :

- Les corrections spontanées.
- L'aveu de blancs de mémoire.
- Les doutes à propos de sa propre déclaration.
- La désapprobation de sa propre participation.
- Le fait d'excuser l'abuseur.

Eléments spécifiques concernant le délit :

- Caractéristiques spécifiques du délit, par exemple la stratégie perverse de l'abuseur, ses moyens détournés et progressifs pour arriver à ses fins.[142].

Si 8 des critères sont validés alors il sera estimé que la déclaration est basée sur des faits réels. Dans le cas contraire, le test ne signifie pas nécessairement que l'enfant ment, simplement la fiabilité de ses propos sera bien moindre. L'expert a à sa disposition une multitude de tests. Pour l'intelligence par exemple : l'échelle d'intelligence pour enfants de Weschler ou le bonhomme de Goodenough. Pour le mnésique : tests de mémoire, figure de Rey ou Bender. Pour la personnalité : le Family Aperception Test (FAT), le Children Aperception Test (CAT), le Thematic Aperception Test (TAT), le Rorschach[143]. Enfin l'expert pourra faire faire des dessins à l'enfant afin d'analyse (le test du bonhomme de Goodenough est un dessin imposé). Le psychologue pourra y rechercher des traces d'anxiété, d'insécurité, de formes phalliques, etc.

Par ces moyens et dans ce cadre juridique protégeant les enfants en encadrant leur parole, l'expert psychologue recherche la fiabilité de la parole de l'enfant victime afin d'éviter que des scandales comme celui d'Outreau ne se répètent.

---

[142] *Ibid*, p. 102 et 103

[143] *Ibid*, p. 107 à 109

§ 2. Les conséquences de la non-dénonciation

La non-dénonciation à des conséquences pratiques sur la victime, le pédophile et le tiers silencieux : la situation de pédophilie n'est pas stoppée et elle peut s'aggraver (A). De plus, du fait de la non-dénonciation, la société peut adopter une posture morale face aux tiers silencieux qui diffère en son fondement de la position juridique (B).

A. L'aggravation de la situation de pédophilie

La non-dénonciation peut avoir de graves conséquences psychologiques pour la victime de l'acte de pédophilie, en plus de ne pas mettre fin aux actes pédophiliques. Pour l'auteur de la non-dénonciation, les conséquences sont juridiques. Le pédophile lui, peut voir son sentiment d'impunité renforcé par la non-dénonciation.

La première conséquence qu'a une non-dénonciation pour la victime d'acte de pédophilie est donc l'occasion manquée qu'il soit mis fin à son calvaire. La dénonciation, en plus d'amener une répression pénale de l'auteur des faits, a pour principal objectif la protection de l'enfant. La dénonciation est de toute façon le premier pas nécessaire et indispensable à la protection de l'enfant victime. L'article 434-1 du CP oblige quiconque à dénoncer un crime « dont il est encore possible de prévenir ou limiter les effets, ou dont les auteurs sont susceptibles de commettre de nouveaux crimes qui pourraient être empêchés »[144]. L'article 223-6 du CP oblige notamment à, si ce n'est intervenir, provoquer un

[144] Cour de cassation, chambre criminelle, 27 février 2001, n° de pourvoi 00-84532. La cour reconnait le but de protection d'intérêt privé que peut avoir l'article 434-1 du CP en plus de la protection de l'intérêt général. Cour de cassation, chambre criminelle, 27 novembre 2007, n° de pourvoi 07-82399. La cour refuse une constitution de partie civile d'une association dont certains salariés ont commis une non-dénonciation de mauvais traitement sur mineur de 15 ans au motif que le dommage subi par l'association n'est qu'indirect. Tous les intérêts ne sont pas protégés par les infractions de non dénonciation, seulement ceux de l'enfant qui subit un dommage direct.

secours. L'objectif de ces infractions telles qu'écrites par le législateur est donc bien la protection des personnes. Le juge judiciaire, le procureur de la République ainsi que les autorités administratives ont les moyens de prendre les mesures utiles à la protection de l'enfant (mesures de protection, désignation d'un administrateur *ad hoc*, etc.). De plus l'enfant victime pourra être soigné sur le plan physique comme mental. Il aura accès à une thérapie, à de l'écoute de la part de professionnels, à une prise en considération qui lui sera neuve et nécessaire pour surmonter le ou les actes pédophiliques dont il a fait l'objet. Tant que les actes pédophiliques restent à l'état de secret, aucune arme de l'arsenal législatif ne peut être mise en place, ni aucun outil médical, psychologique, social. Ne rien dire pour le tiers a donc comme première conséquence de ne pas interrompre les abus (lorsqu'ils sont commis sur la durée en tout cas) et ne pas provoquer la sanction de l'auteur et la thérapie de l'enfant.

La deuxième conséquence est que la non-dénonciation peut être elle-même une violence secondaire que subit l'enfant. Au-delà du fait de ne pas mettre fin aux abus que subit l'enfant, l'attitude d'un tiers qui reste silencieux face à un acte de pédophilie qu'il a découvert va être perçue comme une trahison pour l'enfant. L'appel à l'aide qu'envoie l'enfant, par son comportement ou par la révélation directe et verbale de l'acte, n'est pas suivi de la salvation attendue. Cela cause une frustration. L'enfant ne va plus avoir confiance en ce tiers qui ne le sauve pas s'il attendait de lui qu'il le sauve. La notion d'attente de la part de l'enfant victime est indispensable à ce que soit perçue la non-dénonciation comme une violence secondaire. Par exemple, dans le cas de Sophie, celle-ci avait parlé des abus qu'elle subissait à une amie à elle en la menaçant de ne plus être son amie si elle en parlait : « Je l'ai dit une fois quand j'avais à peine 10 ans à une amie du même âge, aussi je savais qu'elle ne dirait rien parce que quand on a cet âge-là, l'amitié de l'autre est la chose la plus importante donc je [la] menaçais de ne plus être son amie si elle disait quelque chose »[145]. Pour Sophie la trahison aurait été que cette amie dénonce les faits bien que cela aurait mis fin à son calvaire. Cette attente peut se retrouver ailleurs. Les enfants en bas âge abusés n'ont pas un niveau de connaissance ni de maturation suffisant pour être traumatisés et donc attendre des tiers une délivrance. S'ils souffrent de la situation, ils peuvent ne pas savoir que cette situation peut prendre fin. De nombreux enfants en bas âge révèlent les faits de manière tout à fait naturelle et inopinée sans savoir d'ailleurs qu'ils sont en train de révéler des faits graves. Ce ne sont pas toujours des appels à l'aide. Si par la suite le tiers reste silencieux, la violence que ce silence engendre n'apparaîtra qu'avec la prise de conscience par l'enfant de l'anormalité de la situation et du pouvoir qu'avait le tiers d'y mettre fin.

Pour l'auteur, s'il sait qu'un tiers sait, mais ne le dénonce pas, il peut ressentir un sentiment d'impunité voir amplifier ce sentiment s'il existe déjà. Par exemple pour le cas de Sophie, elle fait part d'une évolution dans le comportement de l'auteur : « Je dirais par contre qu'il a gagné en confiance sur les moments de passage à l'acte. Sa femme pouvait être dans la cuisine et nous dans le salon et il ne se privait plus. De même, si je traînais à l'étage avec ses enfants, s'il faisait la sieste il m'attrapait pour aller avec lui »[146]. S'ajoute à cela que Sophie à une petite sœur de trois ans sa cadette et qu'« à l'âge de 5 ans ma petite sœur était allée voir mes parents pour leur faire part de gestes de la part de l'auteur qui étaient déplacés et que mes parents avaient donc discuté avec l'auteur de cette affaire »[147]. Sophie avait donc huit ans lors de cet évènement. Nous n'avons pas d'indice temporel pour situer l'évolution du comportement de l'auteur avec la discussion qu'ont eu les parents de Sophie avec ce dernier. Cependant

145 Interview de Sophie, Annexe 1
146 *Ibid*
147 *Ibid*

nous pouvons faire l'hypothèse que, les faits concernant la petite sœur de Sophie n'ayant pas été dénoncés, l'impunité qu'il avait vis-à-vis de Sophie fut renforcée. Il prit alors moins de précautions dans ses passages à l'acte (quoique l'évolution de son comportement fût nécessairement multi-factorielle). Il n'a plus attaqué la petite sœur de Sophie pour ne plus être mis en cause par les parents, néanmoins il ne s'est nullement senti en danger vis-à-vis de Sophie et a donc continué ses agissements.

Pour l'auteur d'une non-dénonciation (le tiers) les conséquences sont juridiques. Comme vu précédemment les tiers sont soumis à une obligation de dénonciation ou au moins de provoquer un secours. Cette obligation est d'autant plus forte pour les tiers professionnels tels que les médecins ou les assistants sociaux. Ces obligations découlent des articles 223-6 du CP (non-assistance à personne en danger), 434-1 du CP (non-dénonciation de crime) et 434-3 du CP (non-dénonciation de privation, de mauvais traitements ou d'agressions ou d'atteintes sexuelles infligés à un mineur ou une personne vulnérable). Ces trois infractions sont punies de trois ans d'emprisonnement et de 45 000€ d'amende. A cela peut s'ajouter l'obligation spécifique pour toutes les autorités constituées, les officiers publics et les fonctionnaires de l'article 40 du CPP. Cependant cette obligation n'est pas assortie d'une sanction pénale.

Ne pas empêcher des actes de pédophilie est grave, c'est donc pénalement puni. La non-dénonciation n'est donc pas un acte anodin tant sur le plan psychologique pour la victime que juridique pour son auteur.

B. Le jugement moral de la position de neutralité adoptée par les tiers silencieux

Comme vu précédemment, ne pas intervenir, rester silencieux, c'est pour le tiers ne pas faire obstacle à la commission des actes pédophiliques. Puisque le tiers sait, mais n'agit pas, il est possible de voir ce comportement comme une position de neutralité. Cependant cette position de neutralité déductible du silence du tiers n'est qu'apparente. Si le tiers reste silencieux par pure indifférence par exemple il peut aussi agir lui-même en faveur de la victime sans passer par la dénonciation. Il n'est dans ce cas pas neutre, seulement il n'utilise pas la méthode qui est la fois obligatoire et la plus efficace, c'est-à-dire la dénonciation. Par exemple le père de Sophie a tenté lui-même de régler la question des « gestes déplacés » commis sur la petite sœur de Sophie. Il n'y a pas eu dénonciation, mais il n'est pas resté neutre. Entre l'indifférence et la tentative privée de résoudre le problème, la faute pénale de non-dénonciation prévue par le CP reste la même. Cependant les mobiles, bien que non opérants juridiquement dans le cadre de la non-dénonciation, sont bien différents. C'est pourquoi sur le plan moral la condamnation ne doit pas être la même dans ces deux exemples. Il ne faut pas cataloguer tous les tiers silencieux sous l'étiquette de personne neutre pour après justifier leur condamnation morale au motif que celui qui reste neutre agit au profit du plus fort. Il ne faut donc pas considérer tous les tiers silencieux comme neutres, qui plus est, il ne faut pas condamner moralement d'office toute personne neutre. Il est bon de comprendre un phénomène avant de le condamner moralement arbitrairement.

Cette condamnation morale de toute position de neutralité, certains la font. Lors de son discours de remise du prix Nobel de la Paix le 10 décembre 1986 Elie Wiesel dit « la neutralité aide l'oppresseur, jamais la victime. Le silence encourage le persécuteur, jamais le persécuté »[148]. Pierre Lassus notamment soutient ce point de vue : « Toute revendication neutralitaire à l'égard du sort qui leur est fait [aux enfants] est une complicité de maltraitance »[149] ; « « entre le loup et l'agneau, il faut choisir la neutralité » est une escroquerie intellectuelle d'abord, morale

[148] WIESEL (E), *Discours d'Oslo*, Grasset, 1987

[149] LASSUS (P.), *l'enfance sacrifié, de la maltraitance des enfants et du d'effort pour la combattre*, Albin Michel, 1997, p. 90

ensuite. Rester neutre c'est accepter que l'agneau soit dévoré »[150]. Pierre Lassus dans son ouvrage utilise plusieurs exemples pour soutenir son propos. Il parle notamment de la Shoah en disant que ceux qui n'ont pas voulu voir les trains, qui n'ont pas cherché leur destination pour ne pas prendre part ont en fait œuvré pour Hitler. Pierre Lassus essaie donc de démontrer que la neutralité est forcément en faveur du puissant qui est l'oppresseur. Ce raisonnement notamment à l'appui de l'exemple du peuple allemand ne voulant pas voir où allaient les trains nous semble fallacieux. En effet, il n'envisage pas que les personnes neutres fassent aussi partie des opprimés. Les opposants politiques au IIIème Reich étaient tout autant déportés que la population juive. La neutralité dans ce cas peut ne pas être un mode d'appui du plus fort, mais un mode de défense d'une autre catégorie de plus faible. Dans d'autres situations, la neutralité peut être au profit du plus faible. Les Français ne dénonçant pas les résistants sans prendre part à la résistance servaient ainsi plutôt les intérêts des plus faibles : les résistants. La question de la neutralité est plus compliquée et complexe et ne peut être résumée à « accepter que l'agneau soit dévoré ».

A l'inverse, il est possible d'agir dans son intérêt propre, l'intérêt des plus faibles et des plus forts, le tout en même temps. Le cas d'Oskar Schindler est intéressant. Tout en profitant de la guerre et du nazisme, il sauva près de 1200 juifs de la mort. La question de la neutralité et du positionnement par rapport aux « puissants » ou aux « faibles » n'est pas nécessairement binaire, mais peut être plus ambivalente. Ainsi condamner moralement et systématiquement tout ce qui semble être une position de neutralité sans faire aucune distinction ni rechercher à comprendre pourquoi la personne reste neutre nous semble être une position idéologique non valable. C'est l'idée que propose Pierre Lassus et c'est cette posture qui constitue pour nous une escroquerie morale et intellectuelle.

---

[150] *Ibid*, p. 91

En revanche, dans le cas de la pédophilie, la non-dénonciation a des conséquences désastreuses pour une victime, comme vu précédemment. Il est donc nécessaire d'empêcher que ce genre de conséquences aient lieu. Il faut donc pour cela empêcher les tiers de « rester neutres ». Cependant, aussi mauvaises soient ces conséquences, elles ne signifient pas que les tiers silencieux soient nécessairement complices (ni d'ailleurs nécessairement victimes). Certes le silence n'aide jamais la victime, mais cela ne fait pas nécessairement du tiers silencieux un oppresseur ou un complice de l'oppresseur pour autant. Le droit a donc incriminé la non-dénonciation. Cette position juridique est incitative à la dénonciation. Comme le dit Pierre Lassus en 1997, cette fois très justement, à propos des analystes ayant connaissance au cours de leurs thérapies d'agissements délictueux et restant silencieux : « si ceux qui croient pouvoir s'affranchir de l'obligation de signaler toute présomption d'abus et de maltraitance sont à l'avenir poursuivis pénalement, ainsi que la tendance s'en dessine, il est assez probable que les positions théoriques sur ce point, jusqu'ici intouchables, évolueront »[151]. Mais le tiers silencieux n'est pas condamné comme un complice du pédophile, il est condamné par des infractions pénales propres : les non-dénonciations telles que décrites précédemment. Ces incriminations spécifiques de la non-dénonciation sont de toute façon obligatoires, car l'article 121-7 du CP définissant la complicité n'est pas compatible avec le fait de ne pas dénoncer un crime, car cela constitue une inaction ou abstention et non un acte positif, et que cela ne constitue pas une aide, une assistance ou une facilitation à la préparation ou à la consommation d'un crime ou d'un délit. Aussi sur le plan juridique, le tiers non-dénonciateur ne peut pas être un complice du pédophile. A l'inverse, si une personne est complice, elle n'est plus un tiers à l'infraction.

---

[151] *Ibid*, p. 69

La morale et le droit sont donc en désaccord avec le traitement qu'il est nécessaire de réserver aux tiers silencieux. La morale, à mauvais titre, les voudrait complices, le droit, lui, les traite comme des personnes n'ayant pas rempli leur devoir de porter secours à leurs prochains, ce qui est fondamentalement différent même si en pratique les effets sont similaires : la condamnation. Cette condamnation résulte d'un souci indiscutable de protéger l'enfant victime.

Si la morale diverge de ce point du droit dans son fondement c'est que ceux qui véhiculent cette morale, ne cherchent pas à comprendre les motivations des tiers silencieux à rester silencieux.

Obnubilés par le sort des victimes, ils jugent a priori tous ceux qui n'agissent pas dans leur sens comme étant des complices des pédophiles. Cependant, sans chercher à les excuser, en comprenant pourquoi certains tiers restent silencieux, il serait alors possible de mieux adapter la prévention ainsi que les réponses pénales, sociales, psychologiques vis-à-vis des tiers faisant face à ce type de comportement et ainsi favoriser les dénonciations et finalement agir pour les victimes.

En conclusion de la première partie :

Nous avons donc observé le contexte dans lequel le tiers s'intègre. Ce contexte se constitue d'une part par l'acte de pédophilie en lui-même et d'autre part de l'obligation de dénonciation qui est donnée aux tiers. L'acte de pédophilie, lorsqu'il est commis au moyen d'un *modus operandi* non coercitif, c'est-à-dire par des stratégies de séduction, biaise le consentement de la victime. La preuve de l'absence de consentement faisant défaut, l'infraction d'atteinte sexuelle sur mineur sans violence a été instituée. Il semble que le langage a aussi une place importante dans la situation de pédophilie, d'un côté car il fait partie du *modus operandi* de l'auteur, d'un autre côté, car il fait défaut à la victime ce qui peut conduire à remettre sa parole en doute. La non-dénonciation ayant des conséquences pour l'auteur et la victime, il apparaît donc que le tiers joue un rôle dans la situation de pédophilie ce qui justifie d'étudier le silence du tiers au sein du triptyque A/V/T et non d'étudier le silence du tiers totalement séparément. La dénonciation comporte en elle-même des problèmes : il est possible d'en abuser. Aussi il faut inciter les tiers à la dénonciation tout en évitant d'inciter les dénonciations abusives.

Nous allons pouvoir analyser ce contexte pour rechercher si le pédophile influence le tiers et peut le pousser au silence. Cette analyse permettra de critiquer le dispositif juridique en place traitant le cas des tiers silencieux qui, comme nous l'avons observé, comporte déjà plusieurs problèmes : la preuve de l'acte de pédophilie et les dénonciations abusives.

2ème PARTIE
Le rôle du pédophile dans le silence du tiers suscitant une remise en question du dispositif juridique concerné

Le tiers joue donc un rôle dans la situation de pédophilie. A ce titre, la situation de pédophilie peut se regarder comme se jouant au sein d'un triptyque A/V/T. Le pédophile n'est pas le seul responsable du silence du tiers. C'est le fonctionnement d'un triptyque A/V/T tout entier qui peut causer le silence du tiers. D'abord si les protagonistes du triptyque font partie d'un même système clos, alors l'influence sociale du système peut pousser les tiers au silence. Les agents d'un système agissent de la manière dont le système les pousse à agir. L'intérêt de l'enfant étant en contradiction avec l'intérêt du système clos, ce dernier intérêt peut être privilégié par les agents par la production d'un secret. Le triptyque A/V/T est un système multi relationnel. De ce fait le silence peut circuler à travers les relations : d'une part du fait de la circulation des mauvais « termes désignant » amenant le tiers à ne pas penser la situation de pédophilie comme répréhensible et d'autre part du fait de la « transitivité de l'influence ». La structure psychologique du tiers peut pousser celui-ci à rester silencieux, enfin le pédophile peut directement influencer le tiers pour que ce dernier garde le silence.

De ces causes du silence des tiers découle une remise en question du dispositif juridique. En premier lieu celui-ci est inadapté, car le procureur de la République traite les tiers non dénonciateurs à son gré grâce à son pouvoir de décision de l'opportunité des poursuites. Le droit est absent du traitement en ce qui concerne les tiers silencieux. Pour rendre plus juridique ce traitement, une cause d'exonération de responsabilité pourrait être prévue dans les infractions de non-dénonciations. Ainsi, les procureurs seraient plus enclins à poursuivre les tiers silencieux et leur cas serait traité par la juridiction de jugement. Toutefois, cette cause d'exonération de responsabilité ne doit pas totalement déresponsabiliser les tiers silencieux. Elle devrait donc se cantonner au cas où le tiers reste silencieux du fait de menace, contrainte, violence ou surprise provenant du pédophile. L'influence du pédophile sur le silence du tiers n'est en effet pas compatible avec les notions de consentement et de discernement lorsque le tiers est un majeur.

Il faut donc agir autrement pour inciter à la dénonciation. D'une part en facilitant la caractérisation des infractions de pédophilie ou en en prévoyant une nouvelle : la séduction de mineur de 15 ans à des fins sexuelles, d'autre part en améliorant les techniques de prévention sur la pédophilie.

L'analyse du contexte de pédophilie permet de déterminer des causes au silence des tiers (Chapitre 1). Ces causes peuvent servir à la remise en question du droit concernant le traitement judiciaire des tiers silencieux (Chapitre 2).

Chapitre 1
Les causes de la non-dénonciation

Il existe donc autour de l'acte de pédophilie une chape de plomb qui impose le secret aux victimes comme à certains tiers. Les causes de l'existence de ce secret sont inhérentes aux personnes qui le gardent dans la situation où ils le gardent. En outre c'est à l'intérieur du triptyque auteur/victime/tiers que se trouvent les causes du silence, ainsi que dans l'acte de pédophilie en ce qu'il a de spécifique lorsqu'il n'est pas fait usage de la violence (Section 1). Les relations entre l'auteur, la victime et le tiers n'étant pas étanches, le silence va se transmettre de la victime vers le tiers (Section 2).

Section 1. La production du silence autour d'un acte de pédophilie

Le silence entourant un acte de pédophilie trouve ses causes dans deux sources principales, le système social dans lequel il est produit (§ 1) ainsi que dans le *modus operandi* spécifique du pédophile n'utilisant pas la contrainte (§ 2).

§ 1. Les causes structurelles et sociales du silence

Le triptyque auteur/victime/tiers constitue un système social. Lorsque ce triptyque existe au sein d'un système social fermé (ou système clos), la production d'un secret y est renforcée (A). Cela est d'autant plus vrai en ce qui concerne les familles connaissant une situation d'inceste (B).

A. La production structurelle de silence au sein des systèmes sociaux clos

Une explication de l'existence des secrets tient en la nature du système qui le produit. Si en effet certains secrets autour d'actes de pédophilie sont gardés au sein de sectes, cela peut tenir tant des agents de la secte que du simple fait qu'ils appartiennent à une secte. Un système influence ses agents, aussi, quand la survie du système en dépend, il pousse ses agents à agir dans son intérêt. En l'occurrence, il s'agit d'instaurer un secret et d'imposer aux tiers et à la victime de conserver celui-ci.

Les actes de pédophilie sont nécessairement commis dans un triptyque auteur/victime/tiers. Ces acteurs du triptyque sont eux-mêmes membres d'autres systèmes que celui de ce triptyque. Par exemple le triptyque A/V/T peut-être composé d'un professeur auteur/un élève victime/un parent d'élève tiers. Dans certains cas, chacun des membres du triptyque peut faire partie du même système social, par exemple un professeur auteur/un élève victime/un professeur tiers. Dans ce second exemple, le tiers fait partie de la même institution que les deux autres protagonistes, c'est-à-dire un établissement scolaire. Les cas de pédophilie ayant un triptyque A/V/T possédant ce type de profil sont nombreux : par exemple lorsque l'acte pédophilique est commis sein d'écoles, d'Eglises, de sectes, de clubs sportifs, etc. Puisque le secret qui entoure un acte de pédophilie peut se développer au sein de systèmes sociaux, il est nécessaire de s'interroger sur la responsabilité des systèmes sociaux eux-mêmes dans l'existence de ces secrets, et du silence du tiers qui en découle. Il s'agit donc de voir comment un système, indépendamment de ses agents ou par le biais de ceux-ci, favorise la production d'un secret autour d'un acte de pédophilie.

Certains groupes sociaux sont ce que nous appelons des « systèmes clos ». Il s'agit de groupe social institutionnalisé, ayant une relative autonomie, un fonctionnement interne, produisant un sentiment d'appartenance à l'égard de ses membres. Ainsi une secte, telle que définie de manière commune est un système clos. Cependant, bien que les sectes soient le système clos de référence, de nombreux autres systèmes ont un fonctionnement similaire bien que moins marginal. Comme le dit Jean-François Kahn, « en fait, toute religion est une secte qui a réussi. On donne d'ailleurs le nom de secte à toute Eglise non officielle qui concurrence les Eglises officielles »[152]. Le champ social qu'est le catholicisme n'est pas un système clos, en revanche, l'Eglise catholique est système clos. Un établissement scolaire est aussi un système clos, etc.

Ces systèmes clos peuvent héberger en leur sein un pédophile. Ces systèmes clos offrent des occasions au pédophile de passer à l'acte de la manière précédemment décrite c'est-à-dire en usant d'une position d'autorité. En effet, au sein de ces systèmes, des adultes vont avoir une position d'autorité sur des enfants qui leur seront confiés. Par exemple, au sein des Béatitudes, communauté catholique ayant connu une affaire de pédophilie et de non-dénonciation, les enfants des familles hébergées sont en contact de frères ayant autorité sur eux. Ces systèmes clos offrent donc la position d'autorité qui permet le développement d'un *modus operandi* non violent par le pédophile. Certains pédophiles s'intègrent d'ailleurs à dessein au sein de ces systèmes clos afin d'être en contact avec des enfants. Il arrive donc qu'un acte de pédophilie soit commis au sein de ces systèmes.

Si un acte de pédophilie est commis au sein d'un système clos, cela fait courir un grand risque à ce système. En effet cela produit un scandale qui ne fait jamais bonne presse. Le péril du scandale est double puisqu'il menace le système de l'intérieur et de l'extérieur. Les membres du système clos

---

152 KAHN (J-F.), *Dictionnaire incorrect*, Plon, 2005

comme ses non-membres ne doivent pas le remettre en cause. La vie, du moins le cadre de vie, gagné par le travail, des cadres du système dépend de l'existence même du système ainsi que de sa capacité à vivre de façon autonome. Ceci vaut par exemple pour le gourou d'une secte ou le directeur d'un établissement scolaire. Aussi, pour ces personnes, vivant à travers le système, il ne fait pas bon reconnaître l'existence de « brebis galeuses » au sein de leur système. L'Eglise par exemple s'évite ce genre de mauvaise médiatisation en essayant de régler en interne les problèmes de pédophilie. Paradoxalement, le scandale devient double au moment des révélations, puisqu'en plus d'avoir des pédophiles parmi ses membres, le système les cache et couvre leurs agissements.

Lorsqu'un crime se commet à l'intérieur de ces systèmes, il fait au maximum du possible l'objet d'un secret. Il s'agit d'une protection du système par lui-même. L'objectif du secret est d'éviter la divulgation d'un évènement qui pourrait faire scandale au sein du système ou à l'extérieur et donc le menacer. Le secret est donc un symptôme naturel de défense contre le dysfonctionnement interne d'un système clos, c'est-à-dire l'existence de membres pédophiles. La production de secret est naturelle, car les membres qui vont les produire, en opérant de la sorte, décident délibérément de protéger ce qu'ils jugent être l'intérêt supérieur du système plutôt que celui des membres-victimes. L'intérêt des victimes est en direct opposition avec l'intérêt du système clos. La création d'un secret est donc bien l'expression du système clos qui agit à travers ses agents.

La production d'un secret autour d'un acte de pédophilie au sein d'un système clos suit le processus suivant : premièrement, l'acte pédophilique est commis. Deuxièmement un tiers membre du système clos (ou parfois la victime directement) dénonce aux instances du système l'existence d'un tel acte. L'instance du système récupère l'information et fait d'elle un secret.

Elle impose le secret au tiers dénonciateur en agissant au sein du système clos, c'est-à-dire en déplaçant le pédophile, en déplaçant la victime, en déplaçant le tiers afin non pas que le problème se règle, mais que les protagonistes de l'évènement n'aient plus l'occasion d'en parler. Le système se protège ainsi d'une menace pour lui en étouffant l'affaire. Il fait comprendre au tiers qu'il ne doit jamais parler de ce qu'il sait, sans quoi il serait exclu du système.

Le système clos peut donc être une cause de production de secret autour d'acte de pédophilie et pousser des tiers à garder le silence. Plus le tiers est intégré au système plus il a des chances de se soumettre à l'imposition de silence qu'il lui est faite. Plus il est intégré au système, plus il lui fera également confiance pour résoudre le problème que pose un acte de pédophilie. Aussi les chances qu'il fasse appel à une aide extérieure, et donc fasse appel aux personnes auxquelles la loi lui impose de faire appel, sont réduites.

B. La production structurelle de silence au sein des familles

La famille est le système clos le plus courant. C'est le premier système clos qu'intègre chaque personne, du seul fait de sa naissance (de manière générale). La famille se compose de son noyau (parent et enfant) et de cercle élargi (oncle, tante, beau-frère, belle-sœur, cousin, etc.) De nombreux pédophiles sont des pédophiles intrafamiliaux, c'est-à-dire qu'ils agressent un membre de leur famille, « selon les enquêtes effectuées on estime généralement que dans 24,8% des abus, il y a, entre l'abuseur et la victime, un lien de sang ou de tutelle »[153]. Les différents observateurs du phénomène s'accordent tous pour dire que, comme pour la pédophilie, le pédophile incestueux est dans la plupart des cas un homme, bien que cela existe chez les femmes également. Au sein de

---

[153] CEDILE (G.), *La pédophilie les leçons du procès d'Outreau*, *op.cit*, p. 40

ces familles incestueuses, le silence est gardé autour des actes de pédophilie. Si un tel secret existe, c'est en partie du fait de la structure même de la famille. La famille, en tant que système clos, par sa structuration, pousse ses agents au secret pour conserver, non pas l'intégrité de ses membres, mais pour garder l'intégrité de sa structure.

Si les membres du triptyque A/V/T sont organisés autrement qu'en famille, alors les causes du silence du tiers sont différentes.

La notion de famille est entourée du mythe du « bon milieu naturel »[154]. C'est-à-dire que c'est le milieu dans lequel l'enfant doit être élevé pour que son développement soit bon et sain. Cependant l'inceste écorche ce mythe puisque c'est au sein de cette famille présumée protectrice que l'enfant devient victime. L'inceste remet en question la famille.

En plus d'être une notion fondamentalement culturelle, la famille est aussi une notion juridique. En effet il est confié aux parents une autorité sur l'enfant qui s'appelle l'autorité parentale. L'article 371-1 du Code civil prévoit ainsi que : « l'autorité parentale est un ensemble de droits et de devoirs ayant pour finalité l'intérêt de l'enfant. Elle appartient aux parents jusqu'à la majorité ou l'émancipation de l'enfant pour le protéger dans sa sécurité, sa santé et sa moralité, pour assurer son éducation et permettre son développement, dans le respect dû à sa personne. Les parents associent l'enfant aux décisions qui le concernent, selon son âge et son degré de maturité ». Cette autorité parentale est la souscription par le droit au mode de fonctionnement structurel des familles en tant que système social. C'est l'institutionnalisation juridique principale des familles avec l'encadrement des filiations, des héritages, etc. A la manière des autres systèmes clos, la famille est productrice de secrets. C'est encore une

---

[154] GRUYER (F.), FADIER-NISSE (M.), SABOURIN (P.), *La violence impensable (inceste et maltraitance)*, Nathan, 1991, p. 83. L'auteur empreinte le terme de « bon milieu naturel » à VAN GIJSEGHEN (H.).

fois le système familial, qui à travers ses agents, peut s'exprimer par la création d'un secret. Le secret a pour but de protéger la famille d'un éclatement du fait d'un scandale, mais également de l'incarcération de l'un de ses membres.

La question de l'argent est essentielle dans le cadre des familles. Mme P. dit par exemple : « la femme se demande comment elle va réussir à élever ses enfants et s'en sortir si l'homme va en prison »[155] ce qui la pousse à ne pas dénoncer son mari lorsqu'il a pourtant commis un acte de pédophilie sur l'un de leurs enfants. Dans *La violence impensable,* les auteurs, dans le même esprit, disent que « le signalement est évité, pour des raisons économiques d'abord, puisque les pères incarcérés ne sont pas en mesure de verser des pensions alimentaires »[156]. Cette cause pécuniaire de non-dénonciation est l'expression du système familial. En effet, c'est parce qu'elles sont structurées en famille que ces personnes arrivent à vivre (mère, père, enfant). Le père ne gagne pas l'argent pour lui, mais pour le système clos qu'est la famille. En perdant un membre du système qui en est l'un des moteurs économiques essentiels, le système s'effondre, la mère avec. Aussi, bien que la motivation de la non-dénonciation, dans le cas cité par Mme P., soit justifiée par la protection des enfants (pour « réussir à élever ses enfants »), elle est en réalité imposée par la structure familiale, l'obligation de la mère d'élever ses enfants étant de toute façon une obligation imposée par ce système. Si le triptyque A/V/T est structuré autrement, ou que le père n'est pas un moteur économique du système, alors le secret ne s'impose pas pour des questions d'argent. La question de l'argent en tant que cause du silence du tiers n'est d'ailleurs évoquée que lorsque les membres du triptyque A/V/T sont membres de la même famille.

---

155 Rapport d'entretien avec Mme P., Annexe 2

156 GRUYER (F.), FADIER-NISSE (M.), SABOURIN (P.), *La violence impensable (inceste et maltraitance), op cit*, p. 88

La peur de l'éclatement de la famille n'est pas due qu'à des questions d'argent, mais également pour des questions de valeurs notamment l'honneur. Le scandale, comme pour les autres systèmes clos, peut faire éclater la famille. S'il y a un pédophile au sein d'une famille, l'honneur de la famille entière est entaché, au moins dans l'esprit de ses membres. La famille en tant que système pousse ainsi ses membres à produire un secret pour qu'elle conserve son intégrité, comme pour n'importe quel autre système clos. Ainsi « le signalement est évité [...] sous le prétexte de ne pas ternir le nom de la famille, porteur du mythe de l'unité et de l'honneur familial »[157]. Dans le même mécanisme que pour les questions d'argent, c'est le système clos qui parle via ses agents et qui impose un secret afin d'éviter le scandale qui lui porterait atteinte. Confirmant ce point de vue, les auteurs de *La violence impensable* disent que « dans plusieurs cas nous avons constaté avec effarement que le secret familial n'avait jamais été révélé, alors que la moitié de la famille était au courant des abus commis par un grand-oncle ou un grand-père pédophile sur tous les petits enfants qui n'avaient pas réussi à lui résister, sans compter les enfants des voisins et amis. « Si nous en parlions, il risquerait d'y avoir plusieurs divorces ! » dit la femme du grand-oncle pédophile »[158]. Roland Coutanceau, comparant la famille aux autres systèmes clos confirme également ce point de vue : « la cellule familiale réagit alors comme les institutions, l'école ou le clergé, avec la même tentation de laver le linge sale en famille, ne pas ébruiter des pratiques condamnables »[159]. Il s'agit bien là d'un moyen de défense du système mis en place par ses agents afin de le protéger de son éclatement.

La famille, par sa nature même, est donc bien productrice de secrets. Puisque l'intérêt de la famille est contraire à

---

[157] *Ibid*, p. 101

[158] *Ibid*

[159] COUTENCEAU (R.), *Vivre après l'inceste*, Desclée de Brouwer, 2004, p. 183

l'intérêt de l'enfant, le droit qui a adopté une optique de protection de l'enfant avant tout, à prévu les éclatements familiaux en cas d'inceste. Plus que le prévoir, le droit les a même programmés grâce à la notion juridique d'inceste. La notion d'inceste est apparue une première fois dans notre CP du fait de la loi n° 2010-121 du 8 février 2010. Cependant le terme de « famille » employé par cette loi a été jugé contraire au principe constitutionnel de légalité des délits et des peines du fait de son manque de clarté par la décision n° 2011-222 QPC du 17 février 2012. La loi n° 2016-297 du 14 mars 2016 à cependant réintroduit cette notion en la rendant cette fois plus précise. L'article 222-31-1 du CP prévoit ainsi qu'est qualifié d'incestueux tout viol ou agression sexuelle commis sur la personne d'un mineur par un ascendant, un frère, une sœur, un oncle, une tante, un neveu ou une nièce ainsi que le conjoint ou le concubin de ces personnes ou le partenaire lié par un pacte civil de solidarité avec l'une de toutes ces personnes. Si cette qualification d'inceste à un but statistique et d'expression de droit, elle a aussi des conséquences juridiques du fait de l'article 222-31-2 du CP qui prévoit que si le crime ou le délit qualifié d'incestueux est commis par une personne titulaire de l'autorité parentale sur le mineur, la juridiction de jugement se prononce sur le retrait partiel ou total de cette autorité en application des articles 378 et 379-1 du CC. L'obligation qui est donnée à la juridiction de jugement de se prononcer sur le retrait de l'autorité parentale en cas d'inceste est une programmation de l'éclatement de la famille. Puisque cette famille, non seulement ne protège pas l'enfant ce qui est pourtant un devoir juridique, mais en plus est la source de la souffrance de l'enfant et de son maintien dans cette souffrance, alors il est nécessaire d'intervenir pour faire éclater cette famille.

Puisque la famille en tant que système clos peut être productrice de secrets, il serait bon de la faire éclater avant que celle-ci ne produise le secret. Cependant, puisque justement l'acte de pédophilie est tenu secret, il n'est pas possible d'intervenir à la suite directe de la commission de l'acte de pédophilie. Il faudrait donc intervenir avant même cette commission afin qu'après celle-ci, la famille ne produise pas de secret. Cependant cela reviendrait à intervenir dans des familles par suspicion qu'elles abritent un pédophile alors même qu'aucun acte n'a encore été commis. Qui plus est, même si la famille peut être un milieu dangereux pour certains enfants, elle ne l'est pas pour tous. Au contraire, le mythe du bon milieu familial se vérifie dans de nombreux cas. L'intervention au sein des familles incestueuses ne peut donc rester qu'au stade de la réaction et non de la prévention. Il suffit de voir la situation en Angleterre pour se rendre compte que la méthode préventive d'intervention dans les familles n'est pas la bonne. Le documentaire *Les enfants volés d'Angleterre* réalisé par Stéphanie Thomas et Pierre Chassagnieux montre comment des enfants sont, en Angleterre, retirés à leur famille pour « probabilité de maltraitance future ». Ainsi de nombreuses familles sont détruites pour des questions de probabilité. Si ces familles ne sont pas toutes parfaites, il ne leur a pas laissé la chance d'être ce bon milieu naturel pour l'enfant.

§ 2. Les causes du silence internes au modus operandi du pédophile

Le silence que devra conserver l'enfant est important pour le pédophile qui ne veut pas risquer une sanction pénale, voir simplement morale. Aussi celui-ci choisit une victime pour ses faiblesses qui la conduiront, non seulement à se soumettre à un abus sexuel plus facilement, mais également à ne jamais parler des actes de pédophilie qu'elle subit (A). Après que la victime ait été déterminée, le pédophile peut déployer ses stratégies diverses afin d'imposer à sa victime un silence autour des actes de pédophilie qu'il lui fait endurer (B).

A. Le choix de la victime par le pédophile déterminé par sa capacité au silence

Tout d'abord, avant de mettre en œuvre ses stratégies, le pédophile choisit sa victime. Ce choix est principalement déterminé par la capacité au silence de l'enfant et sa vulnérabilité. Ainsi, le silence qui existera autour des actes de pédophilie est prédéterminé par le pédophile au stade de la sélection de la victime.

Le choix de la victime par l'auteur se détermine en partie du fait de la notion de silence. En effet, la capacité présumée[160] au silence d'une victime est déterminante pour certains pédophiles dans le choix de leur victime. Ainsi certains pédophiles vont volontairement choisir une victime très jeune afin de s'assurer de son silence. L'étude de Conte, Wolf et Smith (1989), étudiant 20 adultes ayant commis des abus sexuels sur des enfants, montre que les pédophiles pensent au fait d'être pris. En effet, « la plupart des abuseurs y pensent et en ont peur ; cela va influencer leur stratégie à l'égard de l'enfant : ils préféreront prendre des enfants qui ne parleront pas ; par exemple, l'un dit qu'il choisit pour cette raison des enfants de moins de 7 ans »[161]. Pour faire leur choix parmi plusieurs enfants possibles, d'après la même étude, les « abuseurs dénotent une capacité à choisir des enfants vulnérables, par exemple : le plus jeune pour qu'il ne parle pas ; celui dont on se moque ; l'enfant qui se montre le plus dans le besoin ; un enfant très amical avec les adultes »[162]. Parmi les enfants qu'un pédophile a la possibilité

---

160 Il est à noter que cette capacité au silence de l'enfant est présumée par le pédophile, du moins pour les primo délinquant. Si certains pédophiles ont eu suffisamment de victimes pour constater empiriquement que certains se garde bel et bien de parler, il est moins évident pour le primo délinquant de constater que les enfants sont silencieux.

161 GABEL (M.), *Les enfants victimes d'abus sexuels*, Presses Universitaires de France, 1992, p. 73

162 GABEL (M.), *Les enfants victimes d'abus sexuels*, *op cit*, p. 72

de choisir pour en faire des victimes, la vulnérabilité est donc déterminante, car, si elle favorise la mise en place des stratégies non coercitives, elle est aussi un gage de non-dénonciation d'après le pédophile. Le choix de la victime est une partie intégrante du *modus operandi*, qui commence par la désignation d'une cible sur laquelle appliquer les diverses stratégies. Ce *modus operandi* commence donc par la désignation d'un enfant faible qui serait plus influençable, mais aussi plus silencieux.

La dernière étude citée montre que les pédophiles pensent au fait d'être pris et en ont peur. D'autres études en arrivent aux mêmes conclusions (le *rapport de recherche sur les agressions sexuelles* réalisé par C.Balier, A.Ciavaldini, M.Girard-Kahyat montre que le pédophile recherche un lieu discret, ce qui montre la connaissance de l'interdit, mais montre également la peur d'être pris). Cependant, il n'est jamais fait question du silence au sein des stratégies déployées par le pédophile. Pourtant la capacité au silence semble déterminante dans le choix de la victime. Le *modus operandi* n'utilisant pas la contrainte est long à mettre en place, le pédophile à tout le loisir d'en apprécier les effets. Le pédophile semble ne jamais tester la capacité au silence de sa future victime. Toutefois, certaines techniques utilisées par le pédophile peuvent s'apparenter à des tests de la capacité au silence de la victime. La graduation des actes notamment. Tant qu'il ne lui a fait aucun retour de la part de tiers sur des actes peu importants ou des conversations à caractère sexuel qu'il a avec la victime, l'auteur peut supposer que celle-ci ne parle pas, ce qui lui permet de passer à l'étape de graduation suivante. Au contraire, s'il a un retour sur des actes ou des conversations, il peut stopper son *modus operandi* puisqu'il sait désormais que cet enfant parle, et alors changer de cible. Dans le cas de Sophie par exemple, la petite sœur de Sophie a parlé tôt d'acte déplacé qu'elle a subi. Les parents de Sophie en ont fait part à l'auteur. Celui-ci a donc pu s'arrêter là avec elle, en ayant la conviction renforcée que Sophie, elle, ne parlait pas. Il semble donc que, même si cela ne fait pas explicitement partie des stratégies employées par les pédophiles n'utilisant pas la contrainte, l'auteur teste et vérifie la capacité au silence de sa victime tout au long des différentes étapes de son *modus operandi*. Sophie en arrive d'elle-même à la même conclusion : « je pense que ça faisait tellement longtemps et que je n'avais jamais rien dit qu'il savait que je ne dirais jamais rien »[163].

Du fait de ce choix de victime vulnérable, l'auteur peut mettre en place ses stratégies subtiles et manipulatoires afin d'amener la victime à participer à une activité sexuelle. Par la suite l'auteur va imposer le secret en utilisant des menaces ou en utilisant sa relation privilégiée avec la victime qu'il a su mettre en place.

B. Les stratégies mises en place par le pédophile pour imposer le silence à sa victime

Une fois que le pédophile a choisi sa victime, il applique son *modus operandi*. Une fois parvenu à l'acte, il est dans une position où il a la confiance de la victime et où la victime a coopéré à l'acte sexuel. Il est donc dans une position de force où il va pouvoir utiliser son lien affectif avec la victime pour lui imposer un secret autour des actes commis. De plus, la coopération de la victime à l'acte sexuel suffit à culpabiliser la victime qui souhaite d'elle-même garder le secret. Par un renversement des responsabilités, des culpabilités, le secret est imposé à la victime.

Dans les cas où le pédophile utilise la violence, et donc n'utilise pas le *modus operandi* précédemment décrit, il impose le silence par la violence, les coups, la menace d'en donner d'autres si l'enfant parle, voir des menaces de mort. Roland

---

[163] Interview de Sophie, Annexe 1

Coutenceau parle de « rapport de force »[164]. Ce rapport de force existe toujours même quand l'auteur n'est pas violent. Mais ce rapport de force peut être plus subtil, non physique. La position d'autorité utilisée par le pédophile produit un rapport domination/soumission. C'est par définition un rapport de force. Les menaces que profère l'auteur à l'encontre de sa victime peuvent ne pas être directes. Elles peuvent passer par un climat, se caractérisant par un simple regard, une simple idée intériorisée par l'enfant que l'auteur est menaçant. « La menace n'étant pas nommée, n'étant pas identifiée, l'enfant ne peut l'imaginer que redoutable [...] la violence potentielle est plus terrible que la violence physique elle-même »[165]. Il apparaît donc que l'auteur peut imposer le silence à sa victime par la seule idée qu'a l'enfant qu'il court un grave danger à parler. Le pédophile induit cette idée dans l'esprit de l'enfant par de la violence physique ou de la violence suggérée.

Plutôt que la menace le pédophile peut utiliser le chantage affectif. Roland Coutenceau cite notamment, dans le cadre d'inceste, la phrase récurrente suivante : « maman sera malheureuse si tu le dis à quelqu'un »[166]. Ce type de phrase reste une forme de menace, mais plus subtile. Il s'agit de dire à la victime que la révélation du secret ne lui fera pas du mal à elle, mais à d'autres : le pédophile lui-même (avec lequel la victime à une relation affective) ou une personne tierce qui n'est pas au courant de la situation (en l'occurrence la mère). Ce genre de menaces « font vivre les effets de la révélation comme plus dangereux encore que l'acte »[167]. Ces menaces donnent une responsabilité à la victime qu'elle n'a pas ou ne devrait pas avoir. Avec un « si tu le dis », un choix est laissé à

---

[164] COUTENCEAU (R.), *Vivre après l'inceste, op.cit,* p. 83. L'auteur parle ici de père incestueux, mais ce rapport de force peut exister dans d'autre relation que filiale.

[165] *Ibid*

[166] *Ibid,* p. 87. L'auteur parle une nouvelle fois de père incestueux prononçant ce genre de phrase à l'intention de leur victime.

[167] GABEL (M.), *Les enfants victimes d'abus sexuels, op.cit,* p. 70

la victime puisque le « si » exprime une éventualité qui implique donc au moins un autre choix, qui serait dans le cas présent « si tu ne le dis pas ». Cette phrase pose donc implicitement un dilemme à la victime, mais ce dilemme est accompagné d'une argumentation fallacieuse de la part du pédophile puisqu'il présente le choix de « dire » comme étant un mauvais choix. En contrepartie il ne dit rien du choix de ne « rien dire », alors que celui-ci implique pour la victime de continuer de subir des abus. Par déduction logique, la victime opte pour le choix qui ne paraît pas être le mauvais, c'est-à-dire ne rien dire, car, par effet d'autorité (l'enfant n'a pas de raison de ne pas croire l'adulte) il convient du caractère mauvais de la proposition « dire ». Le chantage affectif est donc d'autant plus efficace qu'il est produit à l'appui d'argumentations fallacieuses. L'existence de ce choix responsabilise l'enfant. Il lui est imposé de faire un choix (un faux choix puisqu'il lui est imposé par l'argumentation fallacieuse), de ce fait l'auteur transmet sa responsabilité sur l'enfant. Si les abus sont révélés alors certaines personnes en souffriront, si certaines personnes en souffrent ce n'est donc plus parce que l'auteur a commis un acte de pédophilie, mais parce que la victime a fait le mauvais choix. Il y a un renversement de responsabilité depuis l'auteur vers la victime.

Le renversement de la responsabilité amène à la question du renversement des rôles et de la culpabilité qu'éprouve la victime.

Au sein de la relation auteur/victime se produit une inversion des rôles. En effet, « on en arrive à l'inversion type de l'abus : l'adulte coupable ne se sent pas coupable alors que l'enfant victime, lui se sent coupable »[168]. En ce qui concerne le pédophile lui-même, il arrive qu'il se sente quand même coupable. Dans ce cas il va beaucoup plus facilement se dénoncer lui-même, car c'est cette culpabilité qui va le pousser à rechercher de l'aide pour lui-même et ses victimes.

---

168 CEDILE (G.), *La pédophilie les leçons du procès d'Outreau*, *op.cit*, p. 53

L'association de Mme P. vient en aide tant aux victimes de la pédophilie qu'aux pédophiles eux-mêmes. Cette association ne reçoit des appels que de pédophiles qui demandent de l'aide, et donc qui se sentent coupables. En revanche, sans culpabilité, le pédophile n'a rien à dénoncer, quand bien même il sait qu'il a commis une infraction (la recherche de lieu discret pour passer à l'acte indique la connaissance de l'interdit par l'auteur), il ne s'en sent pas coupable. La culpabilité que ressent la victime provient souvent de son incapacité à avoir dit non à l'acte pédophilique. La culpabilité se mêle à la honte. Elle se sent coupable, car elle se sent responsable de ce qui s'est passé puisqu'elle n'a pas pu l'empêcher. Ors précisément elle n'aurait su l'empêcher du fait du *modus operandi* précédemment décrit et des faiblesses liées à son jeune âge. La victime peut se sentir également coupable du fait d'un plaisir pris pendant l'acte ou de réaction physiologique (érection par exemple). Cependant en ce qui concerne la victime, la culpabilité a l'effet inverse que pour le pédophile. Elle pousse la victime à ne rien dire de ce qu'elle a subi. Lorsque le pédophile se sent coupable il va plus facilement chercher de l'aide, lorsque la victime se sent coupable elle ne va que rarement chercher de l'aide.

Si la victime garde le silence par peur de parler, peur que l'auteur apprenne qu'elle en a parlé, alors tous les tiers vont devenir de potentiels ennemis. En effet l'enfant va craindre que le tiers en parle à l'auteur. Il craint ainsi que les menaces ne soient mises à exécution (dans un contexte de violence) ou que l'auteur apprenne qu'il a trahi sa parole (dans un contexte non violent). Roland Coutenceau résume le cheminement intellectuel de l'enfant ainsi (dans le cadre d'un inceste) : « je vais en parler à maman, mais est-ce qu'elle ne va pas en parler à papa ? Je vais en parler à grand-mère, mais grand-mère c'est la mère de maman, et maman va le dire à papa. En parler à une copine, c'est encore prendre le risque que cela parvienne aux oreilles de la mère et du père par le biais de la maman de la copine. L'enfant peut ainsi penser que, quelle que soit la personne à qui il se confie, son père finira par être au courant »[169]. De cette manière, chaque tiers devient un potentiel traître pour le secret de l'enfant. Qui plus est l'enfant ne sait pas nécessairement à qui il peut se confier sans danger. Si l'auteur a pu devenir (ou est, si c'est un parent) une figure protectrice de l'enfant, les autres tiers ne le sont pas nécessairement. Roland Couteanceau dit à ce sujet que « l'enfant ne peut pas penser que l'instituteur, le médecin ou le juge sont des indicateurs de repères sociaux qui le concernent. L'adulte tiers, celui qui n'est ni papa ni maman, n'existe pas avec assez d'intensité dans le psychisme de l'enfant »[170]. Roland Couteanceau parle ici d'inceste, mais dans le cas où l'auteur, non membre de la famille, devient une figure paternelle, la réflexion est tout aussi vraie.

Ainsi, le *modus operandi* du pédophile n'utilisant pas la contrainte invite pernicieusement la victime à garder le silence d'elle-même. La culpabilité qu'elle ressent la conforte dans l'acceptation du caractère mauvais de la possibilité de révéler les faits, caractère qui est fallacieusement donné par l'auteur. Le silence de la victime résulte donc bien en partie des agissements de l'auteur.

Section 2. La transmission du silence au sein du triptyque A/V/T

Au sein du triptyque A/V/T, l'auteur peut directement imposer le silence au tiers (§ 1). Mais ce triptyque n'est pas étanche. Les divers protagonistes ont des relations entre eux et chacune de ces relations peut avoir un impact sur les

[169] COUTENCEAU (R.), *vivre après l'inceste*, *op cit*, p. 85
[170] *Ibid*, p. 82

autres. Ainsi le silence peut se déplacer au sein de ce triptyque, allant de la victime vers le tiers (§ 2).

§ 1. L'imposition du silence par l'auteur au tiers

L'auteur peut être en relation directe avec le tiers, dans ce cas il peut s'employer à le séduire lui aussi, de la même manière qu'il séduit l'enfant. Les pédophiles ont souvent des difficultés à avoir des rapports sexuels avec d'autres adultes, mais les stratégies de séduction qu'ils mettent en place à l'égard des adultes n'ont pas le même but qu'à l'égard des enfants. Le pédophile va chercher à séduire l'adulte dans le but de gagner sa confiance et se voir confier l'enfant. Son *modus operandi* est employé comme un quasi *modus vivendi*[171] (A). Dans les situations d'inceste, le cas des mères est particulier. Le profil psychologique de la mère influe sur sa capacité au silence (B).

A. L'application du modus operandi de séduction sur le tiers par l'auteur : le *modus operandi* comme quasi *modus vivendi*

Si le pédophile séduit sa victime, il peut également séduire le tiers. Dans ce cas il s'agira, de manière générale, de séduire les parents de la victime. Mme P. dit que : « le pédophile séduit souvent les parents, mais les parents ne sont pas au courant de ce qu'il se passe. Au contraire, quand ils l'apprennent ils sont d'autant plus en colère puisqu'ils faisaient confiance à l'auteur. Il arrive qu'il y ait une séduction préméditée des parents afin de se mettre plus facilement l'enfant à disposition. Mais parfois la séduction des parents n'est pas préméditée. C'est par exemple le cas d'une personne qui tombe amoureux d'une femme, entame une relation avec elle, après quoi cette personne découvre que la

---

[171] Mode de vie.

femme a un enfant et s'en prendra à lui par la suite »[172]. En effet, afin d'avoir à sa disposition l'enfant, le pédophile doit se le voir confié.

Les parents peuvent avoir confiance en certaines figures du fait de leur statut et non d'une relation personnelle. Par exemple les parents confient sans crainte leurs enfants aux écoles. Le statut de professeur ou d'instituteur établit, pour l'enfant comme vu précédemment, mais également pour les parents, un contrat de confiance. La position d'autorité qui est utilisée par le pédophile peut également servir le pédophile vis-à-vis des parents, ou d'autres tiers. Cependant, le pédophile n'aura pas autorité sur le tiers. Par exemple, toujours avec un professeur d'école, celui-ci n'a aucune autorité sur les parents. Toutefois il peut établir une relation de confiance avec les parents de la même manière. Etant professeur il est présumé digne de confiance, à partir de cette confiance présumée, il peut mettre en place des stratégies de séduction à l'égard des enfants comme à l'égard des tiers, du seul fait de son statut.

Il est curieux de voir comment les stratégies subtiles et manipulatoires employées par le pédophile pour gagner la confiance de l'enfant sont des stratégies de séduction classiques. Si elles n'étaient pas réalisées sur la personne d'un mineur de la part d'un adulte, elles seraient tout à fait normales. Dans un rapport de séduction, il n'est pas rare pour quiconque d'employer ces méthodes, même inconsciemment. Dans des rapports d'adultes, ce genre de stratégies pourraient conduire à une relation amoureuse, amicale, affectueuse réciproque. Ces stratégies n'ont pas comme seul objet les enfants. Elles sont des stratégies employables dans tout rapport humain. Elles sont insidieuses quand elles sont produites par un adulte à l'égard d'un enfant, car le rapport de force est inégal, mais totalement normal dans tous les autres types de rapport humain. La différence c'est que deux

---

[172] Rapport d'entretien avec Mme P., Annexe 2

adultes sont présumés égaux dans leur force morale. Un adulte à priori la capacité, s'il le souhaite, de résister à ces techniques et de ne donner sa confiance et son affection qu'a une personne qu'elle en jugera digne, sans que son jugement, puisqu'adulte, puisse être remis en cause. Pourtant lorsque le séducteur est un pédophile, la séduction des parents constitue toujours cette escroquerie morale exposée précédemment. Il ne s'agit là, pas de pousser le tiers à rendre un service sexuel, mais de pousser le tiers à remettre ou confier son enfant. Si les parents avaient connaissance du caractère pédophile de la personne, il est à parier qu'ils ne lui confiraient pas leur enfant. En cela, le consentement des parents est biaisé puisqu'ils sont trompés par le pédophile.

La séduction des parents est donc un impératif pour le pédophile afin de se voir remettre l'enfant, afin d'obtenir cette position d'autorité qui lui est nécessaire d'avoir pour faciliter ou même permettre la mise en place de son *modus operandi*. Le *modus operandi* qu'utilise le pédophile à l'égard des parents est nécessairement un peu différent de celui utilisé à l'égard des enfants, néanmoins il reste de même nature. L'objectif est la séduction, le *modus operandi* est simplement adapté dans sa forme à l'âge de la cible. Ainsi, comme dans tout rapport de séduction, le pédophile va d'abord gagner la confiance des parents avant de gagner leur coopération à la remise de l'enfant (au lieu de gagner leur coopération à l'activité sexuelle). Lorsque cette séduction est préméditée, il s'agit de réelles stratégies. Cependant, comme le dit Mme P., il arrive que cette séduction ne soit pas préméditée. Pourtant le pédophile l'a tout de même mise en place. Aussi, nous pouvons faire l'hypothèse que le *modus operandi* qu'utilisent certains pédophiles afin de passer à l'acte est plus qu'un *modus operandi*. Il s'agit d'un quasi *modus vivendi*. Le pédophile utilise ces stratégies subtiles et manipulatoires à l'égard de quasiment toute personne avec laquelle il doit avoir un rapport. D'ailleurs de nombreux professionnels de la santé, du secteur social ou du secteur juridique, se disent surpris de l'apparence et du comportement du pédophile qu'ils ont en face d'eux. Il s'agit bien souvent d'une personne charmante et courtoise. Nous faisons l'hypothèse que ces personnes ne sont ni charmantes ni courtoises, mais qu'elles utilisent simplement les mêmes techniques relationnelles à l'égard des enfants que des adultes dans le cadre de leur *modus vivendi*. Dans ce genre de cas, le *modus vivendi* est entièrement tourné vers la commission d'acte de pédophilie. Ceci s'observe dans d'autres points. Par exemple, de nombreux pédophiles fréquentent les piscines afin de pouvoir y observer des enfants. Si cela fait partie d'un *modus operandi* permettant au pédophile de choisir une victime, cela fait également partie de son mode de vie. Aussi, comme pour la fréquentation régulière de piscines, la mise en place systématique de stratégies de séduction fait partie du mode de vie du pédophile. Si le pédophile séduit des adultes, c'est donc dans le but d'arriver à ses fins avec des enfants. Le pédophile transpose donc ses méthodes depuis les enfants, et donc ses victimes, vers les adultes, et donc les tiers. Si les pédophiles sont si souvent des gens discrets, dignes de confiance en apparence, sympathiques et prévenants, c'est dans le seul but d'assouvir leurs désirs pédophiliques. Cette apparence qu'ils se donnent sert leur intérêt. De plus, après avoir appliqué son *modus operandi* avec succès sur un adulte, l'adulte ne s'inquiétera pas forcément de voir l'auteur appliquer ce *modus operandi* à l'enfant. En effet, si, après tout, il agit de la sorte avec tout le monde, il n'y a pas de raison de s'inquiéter lorsqu'il agit de la sorte avec un enfant. Si à la suite de la séduction du tiers, l'auteur emploie les mêmes méthodes pour imposer le secret qu'à l'égard de la victime, c'est-à-dire menace, chantage affectif, inversement des responsabilités et de la culpabilité, alors il est possible de considérer que le tiers est sous influence directe de l'auteur. Il est plus difficile pour l'auteur d'aboutir aux mêmes effets, c'est-à-dire causer le silence, lorsqu'il s'en prend à un tiers. Toutefois, quand les traits de personnalité et la structure psychologique du tiers s'y prêtent, le résultat peut être tout à fait identique voir exacerbé.

B. Le cas particulier des mères dans des situations d'inceste ou les traits de personnalité du tiers comme cause du silence

Si le silence peut provenir des agissements directs de l'auteur envers le tiers, il ne faut pas oublier qu'interviennent également dans le processus du silence des éléments psychologiques inhérents au tiers. L'auteur n'est pas la cause exclusive du silence d'un tiers. Les traits de personnalité du tiers vont jouer sur sa détermination à garder le silence ou non. A travers le cas particulier des mères dans des situations d'inceste, il pourra ainsi être observé que des traits spécifiques de personnalité jouent un rôle sur la non-dénonciation. La fragilité, la dépendance, la passivité, la jalousie, l'immaturité sont ainsi des causes de la conservation du silence autour d'un acte de pédophilie.

Les actes sexuels incestueux étant dans la grande majorité commis par le père, nous considérons par commodité la mère comme étant le tiers silencieux dans cette partie. Mais il faut garder à l'esprit que les mères incestueuses existent.

Comme le dit Benrard Geidel (qui interview Roland Coutenceau) « c'est elle [la mère] qui peut faillir quand on attend d'elle que, mise au courant, elle reconnaisse la souffrance de l'enfant et s'engage à ses côtés »[173]. En effet il arrive que des mères restent silencieuses face à des actes de pédophilie commis sur leur enfant par le mari ou leur conjoint. Tout d'abord, la mère, comme n'importe quel genre de tiers peut ignorer la situation d'inceste, pour les raisons développées précédemment. Dans de nombreux cas, la mère une fois

---

[173] COUTENCEAU (R.), *Vivre après l'inceste*, *op.cit*, p. 158

mise au courant dénoncera les faits[174]. Aussi, beaucoup de mères ignorent réellement la situation et dénoncent les faits dès lors qu'elles sont mises au courant. Toutes les mères ne sont pas au courant de la situation d'inceste même s'il paraît invraisemblable que cela ait pu leur échapper. En effet, le père incestueux agira souvent de manière très discrète, profitant de l'absence de la mère. Les pères incestueux, comme tous les agresseurs sexuels, comme expliqué précédemment, recherchent quasiment systématiquement un lieu et un moment qui soit discret pour passer à l'acte. Dans le cas de Sophie par exemple, l'auteur « a gagné en confiance sur les moments de passage à l'acte. Sa femme pouvait être dans la cuisine et nous dans le salon et il ne se privait plus »[175]. Si l'auteur était devenu peu précautionneux, sa précaution minimale était d'au moins agir hors de la présence de sa femme. Roland Coutenceau dit à ce sujet que « à partir du moment où rien ne transpire entre le père agresseur et l'enfant agressé, comment un tiers, même vivant sous le même toit, peut-il savoir ? »[176]. Il se trouve que le secret peut être effectivement confiné au seul cercle de l'auteur et sa victime du fait des techniques précédemment décrites. Aussi il n'est pas impossible qu'une mère puisse ignorer la situation de son enfant. Qui plus est, les conséquences qu'a l'abus sexuel sur la victime peuvent facilement être attribuées à autre chose de plus vraisemblable qu'un inceste. Par exemple, l'entrée d'un enfant dans l'adolescence peut largement modifier son comportement. Attribuer la cause d'un comportement anormal de l'enfant à un inceste ne relève pas de la simple évidence. Si la mère parvient à formuler l'hypothèse de l'inceste, il n'est pas rare qu'elle exclue cette hypothèse immédiatement du fait de la dure réalité qu'elle représente, mais

---

174 Le bulletin annuel du SNATED montre que dans 16,7 % des cas, l'appelant du 119 est la mère de la victime faisant ainsi des mères les personnes les plus dénonciatrices des violences sexuelles, incestueuses ou non.

175 Interview de Sophie, annexe 1

176 COUTENCEAU (R.), *vivre après l'inceste*, *op cit*, p. 160

aussi des explications mensongères qui lui sont données, tantôt par le père, tantôt par la victime qui garde le secret.

Dans d'autres cas en revanche, la mère est réellement au courant de la situation d'inceste. Et dans ce cas, sans que le père n'ait forcément à effectuer un chantage, ni que la structure familiale ne pousse la mère à garder le secret, des dimensions psychologiques vont l'amener à prendre la défense de l'auteur et non de l'enfant. Dans ce cas, la honte et la culpabilité vont la pousser à ne rien dire. La peur d'être perçue comme une mauvaise mère voir comme une complice peut les paralyser, ce qui du coup fait d'elles des mauvaises mères. Pour Roland Couteanceau ce type de femme est « fragile, passive, dépendante »[177]. Ce sont ces traits de caractère qui vont l'emporter sur l'instinct maternel. L'auteur n'a donc pas besoin de faire quoi que ce soit, sa femme est dépendante de lui (si c'est économiquement, cela renvoie à la structure sociale, mais si c'est affectivement alors cela renvoie à sa structure psychologique). Sa fragilité la bloque aussi puisque dénoncer le mari lui fait perdre sa stabilité de vie, elle devrait tout recommencer à zéro. Elle se résigne alors dans la passivité, dans une attitude de démission face à un problème qu'elle ne se sent pas capable de gérer ou dont elle ne se sent pas capable de gérer les conséquences. Toutefois, comme le souligne Roland Coutenceau, « cela ne veut pas dire que cette personne [la mère] est insensible à tout : elle peut être malheureuse, souffrir pour sa fille, et vivre douloureusement sa situation de soumission au « chef de famille » »[178]. Elle n'est pas froide, mais dépassée.

Plus grave que la passivité, certaines mères vont adopter une attitude agressive à l'égard de leur enfant. La mère devient jalouse de cet enfant qui lui « vole » son mari. Elles deviennent alors dénigrantes, rejettent la faute sur la victime qui doit alors porter la responsabilité de ce qu'elle subit. Ro-

---

[177] *Ibid*, p. 167
[178] *Ibid*, p. 168

land Coutenceau décrit les femmes adoptant ce type de comportement jaloux comme étant des femmes « immatures, égocentriques, caractérielles, voire psychopathes »[179]. Dans ce cas la situation est extrêmement dure à vivre pour la victime qui est trahie par ses deux parents. La mère n'adopte pas là une position de neutralité, mais prend la défense active de l'auteur.

Enfin, certaines mères deviennent complices de l'auteur en favorisant les abus, en aidant l'auteur à les commettre voir en y participant. Dans ce cas, la mère n'est plus tierce à l'acte de pédophilie, mais est complice voir coauteur. Il n'est même plus question de lui imposer la dénonciation puisque dans le droit pénal il n'est pas demandé à une personne coupable de se dénoncer.

Dans le cas de Sophie, lors de la révélation des faits, le père montre une impassibilité totale : « mon père est resté impassible. Nous n'avons pas dit un mot jusqu'à ce qu'on soit rentré »[180] alors que la mère de Sophie « est sortie du bureau, a hurlé »[181]. Il se trouve que le père de Sophie « pouvait avoir un petit doute »[182], et au vu de son comportement, il n'est pas impossible que par faiblesse, il eut adopté une attitude de démission face à la situation de pédophilie que vivait sa fille. Toutefois cela ne relève que de l'hypothèse. En ce qui concerne la femme de l'auteur, rien ne permet d'affirmer qu'elle était au courant, mais à la révélation des faits, elle soutient incontestablement son mari. Sophie, à propos du contenu de la déposition de la femme de l'auteur, dit que « c'est limite si elle admet me connaître »[183]. Les personnalités des protagonistes semblent bien différentes, le père a une attitude passive, la mère a une attitude colérique,

---

179 *Ibid*, p. 169

180 Interview de Sophie, Annexe 1

181 *Ibid*

182 *Ibid*

183 *Ibid*

la femme de l'auteur a une attitude très protectrice envers son mari. Le père de Sophie qui pouvait être au courant présente donc une ressemblance avec les mères qui restent passives dans une situation d'inceste. La femme du mari qui, très éventuellement, aurait pu se douter de quelque chose présente donc une ressemblance avec les mères jalouses qui sont dénigrantes à l'égard des victimes.

Ainsi, à travers le cas particulier des mères dans des situations d'inceste, bien que chaque cas d'espèce soit diffèrent, il est possible d'observer comment la structure de personnalité du tiers joue un rôle essentiel dans la conservation du secret. Des mères incestueuses resteront ainsi silencieuses dans une attitude de démission liée à toutes leurs faiblesses de caractère, d'esprit, à leur dépendance affective, etc. D'autres au contraire resteront silencieuses dans une attitude active de dénigrement du fait de leur immaturité, leur égocentrisme, leur jalousie. La structure de la personnalité du tiers joue donc un rôle essentiel dans la non-dénonciation indépendamment du comportement de l'auteur.

Toutefois, lorsque l'auteur a conduit par ses agissements le tiers à agir de la sorte, lorsqu'il exploite à dessein les traits de caractère du tiers, il exerce une forme d'influence directe sur eux. L'influence directe de l'auteur sur le tiers ne peut pas se définir par les traits de caractère du tiers, mais par le comportement de l'auteur envers le tiers. Si l'auteur s'emploie, par la séduction puis le chantage affectif, à pousser le tiers au silence, et que cela fonctionne notamment en raison des traits psychologiques du tiers, il y a tout de même une influence directe de l'auteur sur le tiers.

§ 2. La transmission du silence depuis la victime vers le tiers

Les causes du silence apparaissent en raison du système social ou au sein même des relations entre les protagonistes du triptyque A/V/T. Ces relations ne sont pas étanches.

Elles communiquent entre elles et se transmettent alors le silence. Tout d'abord, la victime le transmet au tiers, par l'immaturité de son vocabulaire, par une incapacité à penser et verbaliser et donc à dénoncer l'acte de pédophilie (A). De plus, à la manière du fonctionnement de certaines stratégies marketing, l'influence qu'a le pédophile sur sa victime peut se transmettre au tiers. L'influence est transitive au sens mathématique dans le triptyque A/V/T (B).

A. La transmission de l'incapacité à verbaliser depuis la victime vers le tiers

Le vocabulaire a une fonction essentielle en ce qu'il permet de désigner des actes et ainsi de les penser. Mais si le vocabulaire est manquant ou inadéquat, la pensée qui en résulte sera elle-même inexistante ou inadéquate. Ce vocabulaire fait défaut à la victime puisqu'il est enfant. Ce défaut de vocabulaire est en partie transmis par l'auteur vers la victime et par la suite se transmet de la victime vers le tiers. Ainsi, une forme de silence, le silence résultant de l'ignorance, circule dans le triptyque A/V/T et va de l'auteur vers le tiers.

Tout d'abord le silence vient de l'enfant victime. Il ne sait pas parler au tiers. S'il ne sait pas parler aux tiers, cela vient tout d'abord qu'il n'a pas les mots (*infans* signifie celui qui ne parle pas). Sans les mots il ne peut penser l'acte qu'il a subi. C'est pourquoi son mode d'expression est si souvent non verbal, les appels à l'aide se commutent en symptômes du corps et de l'esprit. Le vocabulaire basique nécessaire pour penser un acte sexuel ne s'acquiert que tardivement durant ce qui s'appelle communément l'âge de raison, c'est-à-dire entre 7 ans et la puberté. Roland Coutenceau, à propos de l'âge de raison, dit que « les enfants sont alors davantage constitués comme des êtres pensants. Leur psychisme est plus organisé et ils ont, du moins potentiellement, la capacité de verbaliser »[184]. Dans le cas de Sophie, celle-ci se rend compte de l'anormalité de la situation vers l'âge de 9 ans, cette prise de conscience dénote sa capacité à penser les actes de pédophilie qu'elle subit dans cette tranche d'âge. Comme le souligne Liliane Daligan, « l'enfant étymologiquement : *infans*, [est] celui que ne parle pas encore. ...]. L'agresseur peut perpétrer son crime sans risque de dénonciation, en s'appuyant sur l'innocence de l'enfant, état de non-nuisance signifié par le terme *infans*. Ce petit bénin, à la parole incertaine, contraint naïvement au secret, est tout désigné pour être pillé »[185]. Sans paroles il n'y a pas de dénonciation possible de la part de l'enfant. La conséquence relationnelle avec le tiers sur le silence issu de cette incapacité de la victime à verbaliser et penser l'acte de pédophilie est que cette incapacité va se transmettre sur le tiers. Aussi, lorsque l'enfant parle, il ne donne pas au tiers les mots qui sont également nécessaires au tiers pour penser l'acte pédophilique qui a été réalisé. Le tiers, dans le cas où il est adulte, à normalement toutes les capacités pour penser cet acte, mais l'information de base ne lui est que partiellement donnée, voir dénaturée. Par exemple : « papa m'aime trop ». Cette phrase, qui dans un contexte d'inceste est un euphémisme, reste très floue dès lors que le contexte d'inceste est inconnu. Le tiers doit donc faire seul le travail de la conceptualisation de l'acte avant de pouvoir lui-même le verbaliser. Ainsi, certains tiers sont réduits au silence, non pas par le mutisme de l'enfant, mais par son incapacité à « pré-penser » l'acte pour eux. Marceline Gabel dit ainsi que « nous savons aussi, combien il nous est à nous-mêmes difficile de penser quand nous travaillons dans ce domaine. Penser, c'est-à-dire, faire des liens. Cette contamination nous dit quelque chose sur les processus en action »[186]. L'impensé (plutôt que l'impensable)

---

[184] COUTENCEAU (R.), *Vivre après l'inceste*, *op.cit*, p. 80

[185] DALIGAND (L.), *l'enfant et le diable*, *op.cit*, p. 136 et 137

[186] GABEL (M.), *Les enfants victimes d'abus sexuels*, Presses Universitaires de France, 1992, p. 124

se transmet par contamination. Il n'en demeure pas moins que cet effort intellectuel de penser l'acte n'appartient qu'au tiers, aussi il doit se forcer à pousser plus loin sa compréhension d'une situation qu'il perçoit, mais qu'il ne saisit pas encore totalement.

A l'appui de cette hypothèse de transmission de l'incapacité à verbaliser, viennent les effets qu'a la verbalisation par des professionnels de la situation de la victime et du tiers. Il faut bien souvent qu'une personne applique les mots « viol », « abus sexuel », « inceste » ou autre sur le cas vécu par ces personnes pour que celles-ci soient en mesure de penser et verbaliser correctement la situation. La verbalisation apporte bien souvent une prise de conscience alors même qu'ils n'apportent rien d'autre qu'une dénomination. Sans les mots la pensée ne reste qu'à l'état de concept indicible.

Cette transmission de l'incapacité à verbaliser ne peut se transmettre que si l'enfant communique un minimum avec le tiers par quelque moyen que ce soit. Ainsi nous formulons l'hypothèse que si à la place de dire « papa m'aime trop » l'enfant pouvait dire « papa m'a agressé sexuellement » les chances que le tiers dénonce l'acte seront accrues du fait qu'est donné au tiers la capacité immédiate de penser l'acte. Il concevra la situation comme dangereuse et réprimée pénalement. Ces mots lui indiquent la marche à suivre de par leur connotation juridique et sociale. En revanche, dans cette hypothèse, seules les causes liées à l'incompréhension par le tiers de la situation réelle sont évacuées, si le tiers a d'autres raisons de ne pas dénoncer l'acte, pour des raisons économiques par exemple, il ne le dénoncerait pas forcément plus.

Il est à noter que l'auteur joue aussi un rôle dans cette incapacité à la verbalisation. Il ne donne évidemment pas le vocabulaire à sa victime pour que celle-ci puisse désigner l'acte correctement. D'ailleurs lui-même ne conçoit pas nécessairement ses actes comme étant des actes de pédophiles répréhensibles. Cependant beaucoup de pédophiles se considèrent comme des éducateurs de l'enfant et de nombreux pédophiles utilisent les stratégies de « parler de plus en plus de sexualité (60,8%) » et de « rendre la victime curieuse au sujet de la sexualité (60,8%) ». Il semblerait donc qu'un certain savoir soit donné à la victime. D'ailleurs l'utilisation de termes qui ne devraient pas être connus à un jeune âge est un indicateur du fait qu'il y a eu un abus sexuel. Cependant, les abus sexuels ne sont jamais désignés comme tels. Il est difficile de penser l'acte de façon négative et répréhensible si un vocabulaire négatif et connotant le caractère répréhensible ne lui est pas appliqué. Comme exemple, en changeant de registre, il n'est pas possible de penser de façon identique un « licenciement collectif » et un « plan de sauvegarde de l'emploi » alors même que ces deux termes désignent la même réalité. Il en va de même pour les actes sexuels. S'il est dit à l'enfant qu'il fait l'objet d'un acte d'amour, il ne pourra pas penser qu'il fait l'objet d'un abus sexuel, alors que ces deux termes désigneraient le même acte. C'est pourquoi le passage devant une juridiction pénale est essentiel, l'activité expressive du droit pénal renverse la polarité des « termes désignants », un geste d'amour devient un abus sexuel, il est alors possible de penser l'abus en tant que tel.

L'incapacité de verbaliser s'inscrit donc dans le triptyque A/V/T, l'enfant sans paroles ne peut désigner ce qu'il subit. L'auteur, quand il transmet un savoir à l'enfant, n'utilisera jamais les termes permettant à l'enfant de penser l'abus comme tel. Au contraire l'auteur désigne les abus positivement. Le tiers se trouve face à une incapacité à verbaliser ou à une verbalisation inadéquate, ce qui rend plus difficile pour lui de penser un abus comme tel.

Toutefois le travail de conceptualisation et donc de verbalisation n'appartient qu'au tiers. En effet, l'auteur ne se mettra pas en danger en utilisant les termes adéquats. L'enfant a besoin de temps pour apprendre le bon vocabulaire. Seul le tiers est donc susceptible d'apposer les bons termes aux actes de pédophilie. Soit le tiers est un professionnel du secteur social, du droit ou de la santé et cela ne devrait pas lui poser de problème, soit le tiers doit faire ce travail intellectuel de lui-même, soit enfin c'est lorsqu'il passera par un professionnel qu'il finalisera ce travail. Ors s'il n'arrive pas à concevoir que les actes doivent être dénoncés il ne passera justement pas par un professionnel. Cette ignorance devient donc du silence alors même que la situation de pédophilie est connue du tiers. Elle n'est simplement pas pensée comme telle. Toutefois, grâce notamment aux affaires très médiatisées telles que celles de Marc Dutroux ou d'Outreau, les « termes désignants » sont relativement connus. Cependant, cela ne suffit pas forcément puisqu'il faut être capable d'appliquer ces termes connus à des actes qui ne sont pas présentés comme tels.

La dénonciation passant par les mots, les questions de linguistique sont essentielles. Sans les mots il n'y a pas de dénonciation possible. S'il n'y a pas de dénonciation possible, il ne reste que le silence. Comme il ne circule au sein du triptyque A/V/T que des termes inadéquats, tous les membres du triptyque sont poussés vers le silence.

B. La transmission de l'influence de l'auteur sur la victime vers le tiers : la transitivité de l'influence dans le triptyque A/V/T

Dans une relation interpersonnelle, le comportement de l'un influence le comportement de l'autre. De par la communication et le comportement, parce qu'ils sont des êtres sociaux, les êtres humains s'influencent réciproquement. Aussi, le comportement de la victime peut être l'expression du comportement de l'auteur. Si la victime influence le tiers, c'est en réalité l'auteur qui, à travers la victime, influence le tiers. Donc si l'auteur pousse la victime au silence qui elle-même pousse le tiers au silence, c'est indirectement l'auteur qui a poussé le tiers au silence. Au sein du triptyque A/V/T l'influence possède la propriété mathématique de transitivité.

Comme vu précédemment, l'auteur peut avoir une influence directe sur le tiers. L'influence peut également être indirecte. Il s'agit dans ce cas de voir comment, dans les cas où le tiers n'a aucune relation ou très peu avec l'auteur, si ce dernier peut tout de même avoir une influence sur le tiers en le poussant au silence. Pour se faire, il faut que l'influence qu'a l'auteur sur la victime se transmette de la victime vers le tiers.

En schématisant, pour qu'il y ait influence indirecte de l'auteur sur le tiers, il faudrait vérifier le syllogisme suivant :

- A influence B.
- B influence C.
- Donc A influence C.

Ainsi, dans le cas de la pédophilie, devrait se vérifier ceci :

- L'auteur influence la victime.
- La victime influence le tiers.
- Donc l'auteur influence le tiers.

Ce syllogisme illustre la transitivité de l'influence dans le triptyque A/V/T[187].

Si ce syllogisme se vérifie, alors le tiers est bien sous influence indirecte de l'auteur. Pour illustrer ce syllogisme, un exemple tiré du marketing est intéressant. Depuis un moment les entreprises produisant des jouets pour enfant ont compris qu'il était plus efficace d'adresser leurs publicités aux enfants et

[187] La transitivité est une propriété d'une relation transitive. Une relation transitive est une « relation définie dans un ensemble E telle que, si les couples (x, y) et (y, z) appartiennent à la relation, alors le couple (x, z) appartient aussi à la relation » (https://lexique.netmath.ca). Ainsi, si la droite A est parallèle à la droite B et que la droite B est parallèle à la droite C alors la droite A est parallèle à la droite C : la relation « … est parallèle à … » dans un ensemble de droites du plan, est une relation transitive.

non aux parents alors même que ce sont les parents qui achèteront le jouet. Ainsi, il y a des années, les publicités émises par les entreprises produisant des jouets pour enfant étaient destinées aux parents. Les parents influencés par la publicité achetaient donc les jouets, servant ainsi les intérêts de la société qui a émis la publicité. Aujourd'hui, les entreprises produisant des jouets pour enfant adressent leur publicité aux enfants. De ce fait, les enfants, influencés par les publicités, influencent à leur tour les parents pour que ceux-ci achètent les jouets désignés par les publicités. Ainsi, les entreprises influencent les enfants, qui influencent les parents, enfants et parents agissant dans l'intérêt des entreprises. Pour exemple, le site alesia.com (Agence inbound marketing orientée résultat) développe cinq points afin d'améliorer ses stratégies marketing dès lors qu'il s'agit de vendre des jouets pour enfant. A l'étape numéro trois qu'est l'adhésion, il est ainsi écrit : « l'enfant est bien souvent le vecteur d'achat. Il n'est pas directement le client, mais le bénéficiaire. Il est amené à motiver ses demandes à ses parents. La publicité doit donc être source de raison pouvant influencer une adhésion parentale. Il faut exposer à l'enfant une promesse qu'il soit capable de comprendre et de véhiculer à ses parents »[188].

Dans une situation de pédophilie, l'influence indirecte consisterait donc en cela : le pédophile influence l'enfant pour que celui-ci garde le silence. L'enfant à son tour influence le tiers pour que celui-ci garde le silence, enfant et tiers gardant donc le silence dans l'intérêt de l'auteur.

Dans le cas de Sophie, ceci se vérifie parfaitement avec un tiers non dénonciateur : son amie à qui elle parle de sa situation et qui gardera le secret. Sophie gardait le silence sur les actes de pédophiles qu'elle subissait à cause de sa relation avec l'auteur, de la honte, de la culpabilité, pour « protéger ses deux familles »,[189] etc. Toutes ces causes étant des consé-

---

[188] https://www.alesiacom.com/blog/5-etapes-marketing-destine-enfants
[189] Interview de Sophie, Annexe 1

quences du comportement de l'auteur envers Sophie. L'auteur est donc la principale source du silence de Sophie autour des actes de pédophilie qu'elle subissait. Lorsque Sophie en parle à son amie, elle menace son amie de ne plus l'être si elle en parle à son tour. Ce silence qu'elle impose à son ami est le résultat de l'influence qu'a l'auteur sur elle. Elle est sous l'emprise de l'auteur. Ainsi, l'amie de Sophie n'en parlera pas parce que Sophie l'a influencée en ce sens, parce que l'auteur a influencé Sophie dans ce sens. Si l'amie de Sophie ne parle pas, c'est donc, en partie, dû à l'influence indirecte qu'a l'auteur sur elle. Sophie est le « vecteur » du silence à l'égard de son amie.

Ceci peut se vérifier dans d'autres cas. Il arrive, comme le dit Mme P., mais également beaucoup d'auteurs, que des parents gardent le silence autour de l'acte de pédophilie afin d'éviter le désagrément d'un procès pénal à l'enfant victime. Cela vient, en partie, d'une méfiance à l'égard des institutions judiciaires, à tort ou à raison. Mais si de tels parents souhaitent éviter à leur enfant un procès pénal, c'est que l'image que l'enfant renvoie est celle d'un enfant à qui il faut éviter un procès pénal. Si l'enfant renvoyait l'image d'être dans le besoin et l'attente d'un procès pénal, probablement que la décision de protection des parents de ne pas en parler serait différente. Si l'enfant renvoie une telle image, c'est parce que le comportement de l'auteur a pour conséquence de modeler l'enfant de telle sorte qu'il renvoie cette image.

Ainsi, dès lors que le tiers pense agir pour l'intérêt de l'enfant en gardant le silence, il agit en vérité dans l'intérêt de l'auteur qui l'influence indirectement (consciemment ou non). Aussi, il est possible, en fonction de chaque cas d'espèce, que l'auteur exerce une influence indirecte sur le tiers par son comportement.

Tous les tiers silencieux ne sont pas sous l'influence indirecte d'un pédophile. Comme vu précédemment, le tiers qui garde le silence pour des raisons pécuniaires n'est pas nécessairement sous influence indirecte du pédophile. Il est dans ce cas plutôt sous influence directe ou sous influence sociale due à la famille en tant que structure sociale. Toutefois, la transmission de l'influence qu'a l'auteur sur la victime vers le tiers est possible.

Si tout ceci est vrai, cela signifie que le rapport d'influence peut s'inverser. Le tiers influence la victime, qui influence l'auteur. Pour reprendre l'exemple du marketing, les demandes des enfants influencent l'offre des entreprises qui produisent des jouets pour enfant. Les relations communiquent dans les deux sens. Toutefois nous n'avons pas à notre connaissance de victime ayant suffisamment influencé l'auteur pour amener celui-ci à se dénoncer lui-même. Il se joue en fait un rapport de force dans l'influence produite par les divers protagonistes. Par exemple, si les enfants ont des demandes particulières qui vont influencer l'offre des entreprises, les entreprises, qui ont la force du marketing pour elles, ont un pouvoir d'influence bien supérieur à celui des enfants. C'est pourquoi les entreprises vont de façon bien supérieure aux enfants déterminer le marché (le marché se déterminant en fonction des rapports entre offre et demande). Il en va de même pour la pédophilie. Le pédophile à une influence bien supérieure à celle du tiers sur la victime grâce, non pas au marketing, mais à son *modus operandi* spécifique plaçant la victime sous son emprise. Donc si le tiers pousse la victime à dénoncer les actes, il se joue alors un duel d'influence entre lui et l'auteur, car l'auteur pousse la victime à garder le silence. Celui qui arrivera à convaincre la victime sera la personne qui aura le plus d'influence sur elle. Il s'agit, malheureusement souvent du pédophile. Pour en revenir une dernière fois à l'exemple des jouets pour enfant, comparativement il s'agirait de la situation où l'enfant veut un jouet spécifique et les parents voudraient lui acheter un autre jouet. Si les parents arrivent à convaincre l'enfant que le jouet qu'ils proposent est mieux, ils auront gagné le duel d'influence qui se jouait avec l'entreprise qui a émis la publicité vendant le jouet que désirait l'enfant.

Dans la majorité des cas, ce duel est perdu d'avance à cause de la puissante emprise qu'a le pédophile sur sa victime. Aussi, le seul moyen d'aller dans la bonne direction, c'est-à-dire dénoncer l'acte, c'est donc de ne pas demander son avis à la victime, puisque cet avis peut être en réalité celui du pédophile. Il faut imposer de manière autoritaire la dénonciation de façon à éviter le duel d'influence, de façon à éviter de devoir convaincre l'enfant. Toutefois, il est possible de tenter de convaincre l'enfant lorsque l'auteur et le tiers sont à armes égales, c'est-à-dire lorsque le tiers est un professionnel de la santé, du secteur social ou du droit. Mais, si ce tiers n'arrive pas à convaincre la victime du bien-fondé de la dénonciation, il devra de façon autoritaire dénoncer l'acte aux institutions judiciaires ou administratives, tel que le droit l'impose.

Lorsque le tiers est convaincu par la victime que la dénonciation n'est pas la bonne solution, c'est en vérité par l'auteur que le tiers en est convaincu. L'intérêt de la victime et l'intérêt de l'auteur sont antagonistes. Agir dans l'intérêt de l'auteur en pensant agir dans l'intérêt de l'enfant, c'est se tromper d'intérêt. La volonté de l'enfant victime pouvant donc être en partie l'expression de la volonté du pédophile, elle ne doit pas être prise en compte dans le processus de dénonciation.

Chapitre 2
Distinction entre les auteurs de non-dénonciation d'acte de pédophilie et préconisation face à ces comportements

Les tiers silencieux subissent bien de l'influence de la part du pédophile soit directement soit indirectement à travers le triptyque A/V/T. Cette influence peut servir comme critère de distinction entre les tiers au silence délictueux et les tiers au silence non délictueux, cependant toute forme d'influence ne peut être utilisée pour déresponsabiliser le tiers (Section 1). En plus de l'établissement de ce critère de distinction, nous préconisons plusieurs mesures afin d'inciter les tiers à dénoncer les actes de pédophilie auxquels ils font face (Section 2).

Section 1. Le critère de distinction entre les tiers au silence délictueux et les tiers au silence non délictueux

Le traitement des tiers silencieux, c'est-à-dire le traitement des infractions de non-dénonciation n'est que très peu juridique. En effet, la pratique judiciaire par les procureurs les a rendus juges. Ils opèrent un filtre en ne poursuivant pas de nombreux cas de non-dénonciation pour des prétextes moraux. Il faudrait donc remplacer ces prétextes moraux par des prétextes juridiques afin que le droit soit plus en adéquation avec la réalité (§ 1). Toutefois, la réalité criminologique des tiers silencieux n'est pas totalement compatible avec le droit pénal déjà existant, car la notion d'influence de l'auteur sur le tiers devenant cause d'exonération de responsabilité pour le tiers contreviendrait aux notions de consentement et de discernement (§ 2).

§ 1. Le traitement judiciaire des cas des tiers silencieux face à des actes de pédophilie

Les infractions de non-dénonciation ne sont pas les infractions les plus commises en France[190]. Pourtant il semble, à la vue de la littérature sur le sujet, que dans de nombreux cas plusieurs personnes étaient au courant de la situation de pédophilie qui se jouait devant eux. Le traitement judiciaire des tiers silencieux n'est pas en adéquation avec la réalité criminologique.

De nombreux tiers, alors même que l'infraction de non-dénonciation devrait pouvoir être caractérisée devant une juridiction de jugement, ne sont même pas poursuivis. En effet, c'est avant toute poursuite que se joue le sort de la plupart des tiers silencieux (A). C'est pourquoi le traitement des tiers silencieux devrait être « re-juridictionnalisé » par l'adaptation des infractions de non-dénonciation grâce une exonération de responsabilité (B).

A. Le traitement pratique et non juridique des cas des tiers silencieux face à des actes de pédophilie par les procureurs de la République

Actuellement, la question des tiers silencieux face aux actes de pédophilie est résolue par le procureur de la République. Il décide de poursuivre le tiers ou non en fonction des faits qui lui sont rapportés, de son appréciation person-

[190] Les statistiques du ministère de la justice comptabilisent les non dénonciations dans « autres délits » qui sont très peu représentés dans la masse totale des délits commis. Par exemple 5,2% en 2012 sont classés parmi les autres délits. Les « autres délits » étant nombreux, la part de non dénonciation au sein de cette catégorie est encore bien plus faible.

nelle de la situation et de son pouvoir de décision de l'opportunité des poursuites. Dans la plupart des cas où le tiers n'ignore pas la situation, le procureur ne le poursuit pas parce qu'il ne le juge moralement pas condamnable. La pratique judiciaire a donc dépassé le droit. Il faudrait instituer une notion juridique permettant de faire juridiquement la distinction entre un tiers silencieux innocent et un tiers silencieux coupable.

Comme nous l'a confié Mme Tercq (présidente de l'Institut Français pour la Justice Restaurative) à l'occasion d'un cours donné dans le cadre du Master 2 police et sécurité intérieure à l'Université de Pau et des pays de l'Adour, la question du tiers silencieux ne se règle pas devant le juge, mais devant le procureur. En effet, le procureur, ayant le pouvoir de décision de l'opportunité des poursuites, d'après ce qui est apporté par l'enquête préliminaire, juge lui-même de la responsabilité du tiers silencieux. S'il considère celui-ci sous emprise, ou de manière générale qu'il considère que le tiers ne peut être tenu pour responsable de non-dénonciation pour quelque raison que ce soit, il ne le poursuit pas. Les questions de non-dénonciation sont donc, semble-t-il, résolues sur la base de l'opportunité des poursuites et non du droit à proprement parlé. Pourtant, les infractions de non-dénonciation sont très simples à caractériser. Il semble d'ailleurs qu'une quantité très importante de personnes dont il est fait mention à travers tous les ouvrages étudiés dans ce corpus devraient ou auraient dû être condamnées pénalement pour non-dénonciation de crime, non-dénonciation de mauvais traitement à l'égard d'un mineur ou non-assistance à personne en danger. Par exemple, l'amie de Sophie à qui Sophie a parlé de sa situation et qui n'en a jamais parlé par la suite est coupable de non-dénonciation de crime. Elle n'a en effet, alors qu'elle avait connaissance d'un crime dont il était encore possible de prévenir ou de limiter les effets, ou dont l'auteur était susceptible de commettre de nouveaux crimes qui auraient pu être empêchés, pas informé les autorités judiciaires ou administratives. Cependant, il serait bien évidemment parfaitement odieux d'attaquer cet enfant pour non-dénonciation de crime. C'est pourquoi les procureurs n'envoient pas tous les tiers silencieux devant les juridictions de jugement. Dans des cas d'inceste, s'ils jugent que la femme était totalement sous l'emprise du père, sans que cela soit une cause d'exonération de responsabilité prévue dans le CP, alors ils ne l'envoient pas devant les juges. Finalement, les procureurs ne poursuivent les tiers silencieux que lorsqu'ils ont eu une attitude complaisante à l'égard de l'auteur, sans que cette attitude complaisante puisse être qualifiée de complicité.

La question des tiers silencieux relève donc plutôt d'une question de phénomène de société. Les procureurs recherchent le pédophile et ses complices ou coauteurs. Ils ne sont intéressés par le tiers silencieux que si celui-ci à une attitude complaisante à l'égard de l'auteur.

Lorsque le tiers est silencieux pour une raison autre que la complaisance à l'égard de l'auteur, il n'est pas poursuivi. Le procureur ne juge pas opportun de poursuivre ces tiers silencieux. Pourtant la faute pénale prévue par les infractions de non-dénonciation est souvent bien caractérisée. Lorsque ce sont des professionnels de la santé ou du secteur social qui sont poursuivis pour non-dénonciation, c'est parce qu'en plus de la faute pénale, le silence constitue dans leur cas une faute professionnelle. Ces personnes ont la mission de dénoncer les actes de pédophilie, aussi elles sont facilement poursuivies pour non-dénonciation, car moralement plus condamnable. Pourtant, comme vu précédemment, l'obligation de dénonciation vaut pour quiconque. En dehors des tiers complaisants et des tiers professionnels, il existe donc à l'égard des tiers silencieux une tolérance de la part de la société représentée par les procureurs. De fait, la faute morale a remplacé la faute pénale en matière de non-dénonciation.

Ainsi ce n'est pas le droit qui règle la question de la non-dénonciation, mais le procureur par son pouvoir de l'opportunité des poursuites. Il serait plus normal, selon toute justice, que ce soit la juridiction de jugement qui décide si oui ou non une personne est coupable de non-dénonciation dès lors que le procureur constate que les faits sont qualifiables juridiquement. Il faut donc déterminer juridiquement la limite entre le tiers silencieux innocent et le tiers silencieux coupable, l'inexistence de cette limite pouvant être la cause du peu de poursuite effectuée par les procureurs de la République.

B. La juridictionnalisation du traitement des tiers silencieux face à des actes de pédophilie par l'exonération de responsabilité dans les infractions de non-dénonciation

L'infraction de non-dénonciation est trop large. Elle peut être caractérisée trop facilement alors que sur le plan moral la personne restée silencieuse peut ne pas mériter d'être poursuive. En matière de non-dénonciation le droit est trop éloigné de la morale et de la réalité de la société d'aujourd'hui. Les infractions de non-dénonciation devraient donc être modernisées, adaptées à la réalité des situations. En effet il ne revient pas au procureur de juger de la moralité ou non d'un acte, mais au droit appliqué par le juge. Le législateur détermine ce qui est juste par la création de la norme pénale, le procureur de la République doit rechercher à faire appliquer cette norme.

Dans les infractions de non-dénonciation (non-dénonciation de crime, non-dénonciation de mauvais traitement à l'égard d'un mineur et non-assistance à personne en danger), l'obligation de dénonciation est très large puisqu'elle vaut pour quiconque. Aussi, dès lors que les éléments constitutifs de l'infraction sont caractérisés, il n'est pas possible d'échapper à la condamnation même si le tiers avait une bonne raison pour ne rien dire. Les procureurs de la République font donc échapper certains tiers silencieux à cette condamnation en ne les poursuivant pas alors même que l'infraction est caractérisée. Dans les infractions de non-dénonciation, le mobile du silence n'est pas pris en compte. Le droit pénal ne prend que rarement en compte les mobiles d'une infraction pour caractériser celle-ci.

Le seul moyen de ne pas être condamné pour la commission d'une non-dénonciation est, comme pour toute infraction, d'apporter la preuve d'un fait justificatif. La légitime défense étant exclue, en matière de non-dénonciation il s'agira de l'état de nécessité (article 122-5 du CP), de l'autorisation de la loi ou de l'autorité légitime (article 122-4 du CP), la contrainte (article 122-2 du CP), l'erreur de droit (article 122-3 du CP) et le trouble mental (article 122-1 du CP). Aucun de ces faits justificatifs, mis à part le trouble mental, ne peut vraisemblablement s'appliquer aux cas de non-dénonciation (sauf cas exceptionnel). Il est donc très dur d'échapper à une condamnation. C'est pourquoi les procureurs évitent d'envoyer devant une juridiction de jugement une personne qui est certes légalement coupable, mais d'après eux moralement excusable. Ils envoient en revanche devant les juridictions de jugement tous les tiers silencieux dont ils condamnent moralement l'attitude (Monseigneur Pican par exemple).

Il existe dans certaines infractions des causes d'exonération de responsabilité comme l'exception de bonne foi ou l'exception de vérité le sont pour l'infraction de diffamation. Il serait donc possible de prévoir une cause d'exonération de responsabilité spécifique aux infractions de non-dénonciation. Si les tiers silencieux ne méritent pas d'être condamnés, cela peut provenir des raisons précédemment exposées de leur silence. Il y a en effet une explication au silence de chaque tiers. Explication ne signifie pas excuse. Il faut donc déterminer si une explication du silence des tiers face à des actes de pédophilie est suffisamment importante pour devenir une excuse. Il y en a certainement puisque tous les tiers silencieux ne sont pas poursuivis pour des infractions de non-dénonciation. Dans les faits, les tiers silencieux sont déjà excusés.

Il existe donc plusieurs possibilités pour faire face aux dénonciations. Tout d'abord, il est possible de considérer que la situation ne pose pas de problème, que les procureurs ont raison d'épargner certains tiers silencieux et d'en poursuivre d'autres pour des raisons morales. Et puisqu'ils le font déjà, il n'est pas utile de modifier la situation. Ensuite, il est possible de considérer que le droit doit être mieux appliqué par les procureurs de la République. Il s'agit dans ce cas pour le pouvoir exécutif, et/ou le pouvoir politique de pousser les procureurs à poursuivre tous les tiers silencieux pour non-dénonciation d'acte de pédophilie. Cela relève plus d'une question sociétale, de politique pénale et de communication que d'une réelle question de droit. Enfin, il est possible de considérer que les procureurs ne peuvent abuser du pouvoir d'opportunité des poursuites pour le substituer totalement au droit. Aussi, plutôt que de modifier le comportement des procureurs, il convient de modifier le droit. Il arrive en effet que le droit ait à s'adapter à la réalité de la société plutôt que la société au droit. Il faudrait donc adapter l'infraction de non-dénonciation pour faire correspondre le droit avec la morale actuelle concernant la non-dénonciation. Les raisons pour lesquelles les tiers silencieux face à des actes ne sont pas poursuivis devraient être instituées en cause d'exonération de responsabilité. Ces causes d'exonération de responsabilité marqueraient la limite entre les tiers silencieux que la société se doit de réprimer et les tiers silencieux que la société estime excusables.

Comme vu précédemment, il existe plusieurs causes possibles, qui d'ailleurs ne sont pas présentées de manière exhaustive, au silence des tiers face à des actes de pédophilie. Toutes ces causes, bien qu'explicatives du silence ne le rendent pas excusable. Il faut donc voir quelle cause du silence des tiers peut devenir une cause d'exonération de responsabilité en accord avec les principes juridiques existants.

§ 2. L'inapplication juridique de la notion d'influence au tiers silencieux face à des actes de pédophilie

S'il est louable d'adapter le droit à la réalité du traitement des cas de tiers silencieux face à des actes de pédophilie, il ne faut pas déresponsabiliser indûment les tiers de leur obligation de dénonciation (A). La menace, la contrainte, la violence et la surprise peuvent servir à opérer cette adaptation des infractions de non-dénonciation. Cependant, l'influence qu'exerce l'auteur sur le tiers, en ce qu'elle résulte d'un *modus operandi* non coercitif, n'est pas compatible avec les notions de consentement et de discernement pour devenir une cause d'exonération de responsabilité (B).

A. L'impératif de non-déresponsabilisation totale des tiers silencieux

Il serait bon de rendre juridique le règlement de la question des tiers silencieux face à des actes de pédophilie. La notion d'influence pourrait servir de limite entre le tiers silencieux coupable et le tiers silencieux innocent. Ça serait la base légale du procureur pour ne pas poursuivre le tiers et la base légale du juge pour ne pas le condamner. Toutefois cette limite doit être bien définie. Une exonération de responsabilité ne doit pas devenir une déresponsabilisation totale des tiers. Qui plus est, les infractions de non-dénonciation ne concernent pas uniquement les cas de pédophilie. Les exonérations de responsabilité pourraient être employées dans tous les cas de non-dénonciation. Il faut donc employer cette notion avec parcimonie.

Comme vu précédemment, le silence des tiers vient de :

- L'influence directe exercée par l'auteur sur le tiers

- Les traits psychologiques du tiers
- Les pressions structurelles dues au système clos ou système familial
- L'ignorance du tiers, quelle lui soit personnelle ou en partie transmise par l'incapacité à verbaliser de l'enfant
- La transmission d'influence qu'exerce l'auteur sur la victime vers le tiers

Parmi toutes ces causes de silence, seules les pressions directes ou influences directes proviennent directement de l'auteur. En effet, si l'auteur peut exploiter la structure familiale, l'ignorance de la victime et du tiers, les traits de personnalité du tiers ainsi que l'influence indirecte, il n'en a pas le contrôle absolu contrairement aux influences directes. De plus, les pressions structurelles dues au système clos, l'ignorance de la victime ou du tiers ainsi que la transmission d'influence ont un effet quasi-mécanique de production de silence. Il en tire donc profit sans avoir à agir réellement positivement dessus. Il serait donc totalement impossible de prouver à l'occasion d'un procès que par exemple, l'auteur a consciemment et avec l'intention de provoquer le silence, influencé le tiers par son comportement à l'égard de la victime (transmission d'influence). Aussi seule l'influence directe pourrait être considérée comme étant de l'influence exonératoire de responsabilité.

De plus, considérer juridiquement que les pressions structurelles dues aux systèmes clos, l'ignorance des tiers ou de la victime, les traits de personnalité du tiers ainsi que la transmission d'influence sont une cause d'exonération de responsabilité des tiers reviendrait à totalement les déresponsabiliser. Or, les tiers silencieux ont une véritable responsabilité, car il leur appartient, et à eux seuls, de résister à toutes ces pressions qui les amènent au silence. Comprendre comment les tiers sont poussés au silence ne peut servir en aucun cas à les excuser indûment. S'ils ont la responsabilité de résister à ces causes du silence, c'est parce que (de manière générale) ils sont adultes et ont à ce titre la force d'esprit, les capacités intellectuelles et surtout le discernement nécessaire pour comprendre qu'ils doivent dénoncer ces actes malgré tout ce qui peut les retenir. A la différence donc de l'enfant victime.

En ce qui concerne les traits de personnalité, les tiers en sont les seuls responsables en ce que personne ne peut influencer leurs traits de personnalité. S'il est possible d'influencer un comportement, il n'est pas possible d'influencer une structure psychologique. En revanche la structure psychologique d'un tiers peut être exploitée par une personne afin d'en tirer profit.

En ce qui concerne les structures en système clos, notamment les familles, c'est le contexte qui a influencé la victime. Ce n'est pas l'auteur. Toutefois l'auteur peut tirer profit de ce contexte.

En ce qui concerne le vocabulaire désignant, c'est la communication au sein du triptyque A/V/T qui est en cause. L'auteur joue un rôle dans cette communication, mais il n'est pas la source exclusive de l'ignorance que cela produit. Toutefois il peut exploiter cette ignorance.

En ce qui concerne la transmission d'influence, encore une fois l'auteur joue un rôle, mais pas un rôle exclusif. Il ne peut même pas maîtriser cette transmission d'influence.

Ces causes du silence ont donc des effets mécaniques. L'auteur peut les exploiter, mais il ne peut pas les créer. Aussi il n'en a pas la responsabilité et donc le tiers n'en est pas déresponsabilisé. Toutefois ces éléments pourraient tout de même être utilisés afin d'apprécier la réalité de l'influence qu'exerce l'auteur sur le tiers. Le seul cas où l'auteur a une responsabilité totale sur le comportement du tiers est le cas des influences directes.

La notion d'influence directe pourrait être appliquée à d'autres tiers silencieux que ceux qui le sont face à des actes de pédophilie. Dans le cas d'un meurtre par exemple, le tiers silencieux étant sous influence directe pourrait être exonéré de responsabilité. Il faudra alors se demander si une telle influence est possible dans ce cas. La réalité criminologique des meurtres n'est pas la même que la réalité criminologique des actes de pédophilie. S'il nous paraît justifié de modifier les infractions de non-dénonciation, ce n'est que pour les cas de pédophilie puisque nous n'avons étudié que ces cas.

Il ne faut pas déresponsabiliser les tiers silencieux qui auraient dû et pu parler, de manière générale comme en matière de pédophilie. En instaurant une cause d'exonération de responsabilité, le rempart à la déresponsabilisation indue serait la juridiction de jugement. L'appréciation souveraine des juges du fond de la notion d'influence directe devrait éviter que des tiers silencieux soient indûment exonérés de responsabilités, si tant est que l'influence directe est suffisamment bien définie.

B. L'incompatibilité entre l'influence comme cause d'exonération et les notions juridiques de consentement et de discernement

L'influence directe comme cause d'exonération de responsabilité du tiers pour les infractions de non-dénonciation qu'exerce l'auteur sur le tiers doit se caractériser en fonction du comportement de l'auteur. L'auteur exerce son influence sur le tiers avec des méthodes proches que lorsqu'il l'exerce sur sa victime. Aussi, les notions servant à caractériser l'absence de consentement chez la victime d'un agresseur sexuel devraient pouvoir servir à caractériser l'imposition du silence chez le tiers. La menace, la contrainte, la violence, et la surprise devraient donc servir d'exonération de responsabilité du tiers. Dès lors que le tiers a commis une infraction de non-dénonciation, mais qu'il a commis cette infraction du fait de menace, violence, contrainte ou surprise alors il ne peut être tenu pour responsable de l'infraction. L'utilisation des notions de violence, contrainte menace ou surprise serait donc la base de l'exonération de responsabilité du tiers. Cependant, comme vu précédemment, de nombreux auteurs emploient un *modus operandi* qui rend impossible la caractérisation de la violence, la menace, la contrainte ou la surprise. Lorsque ce *modus operandi* est employé sur un tiers majeur, il ne peut être constitutif d'une exonération de responsabilité. En effet, puisque doté de discernement, le tiers a la capacité de s'opposer aux diverses influences par séduction qui sont exercées sur lui.

Le *modus operandi* non coercitif du pédophile l'amène à commettre ses actes de pédophilie avec la coopération de la victime. Qui plus est la victime coopère dans le maintien du silence autour des actes, et dans certains cas, par influence directe, le tiers coopère également au maintien de ce silence. Cependant, il se trouve que le *modus operandi* non coercitif du pédophile n'est pas prévu par le Code pénal. Dans le cadre des infractions sexuelles, des actes commis à l'encontre d'un mineur grâce à des stratégies de séduction peuvent trouver une qualification juridique,[191] mais à l'égard des majeurs, aucun acte commis par séduction ne peut trouver de qualification juridique. En effet, la séduction amène la cible à donner un consentement. Dans le cas des mineurs, ce consentement est nul, donc inexistant, bien qu'apparent. Dans le cas des majeurs, le consentement est valable juridiquement. Aussi, aucun acte commis avec le consentement d'un majeur obtenu par séduction ne peut revêtir une qualification juridique (sauf cas exceptionnel, par exemple le meurtre). Puisque le majeur dans des situations d'influence directe exercées par le *modus operandi* non coercitif, donne un consentement juridiquement valable, lorsqu'il coopère au maintien du silence autour de l'acte de pédophilie, il doit être considéré comme coupable de non-dénonciation.

---

[191] Atteinte sexuelle et agression sexuelle par contrainte morale due à la différence d'âge principalement.

Pour comprendre cela, il faut comparer le gain de la coopération du tiers au maintien du silence à ce que prévoit le Code pénal en matière de gain de la coopération d'un majeur à une activité sexuelle.

Hors des cas de pédophilie, si un majeur souhaite utiliser des stratégies de séduction afin de gagner la participation d'un autre majeur a des activités sexuelles, il semble qu'il appartient à cet autre majeur de ne pas céder. Si le majeur cède et participe à une activité sexuelle avec la personne qui a mis en place ces stratégies, alors le majeur « victime »[192] n'a pas de moyen légal pour se retourner contre « l'auteur ». Eventuellement, le majeur « victime » pourrait utiliser l'article 222-22 du CP en se disant victime d'une agression sexuelle qui serait une atteinte sexuelle par surprise. « La surprise consiste à obtenir des faveurs sexuelles en trompant la victime sur la situation réelle ou en abusant de la difficulté à appréhender celle-ci »[193]. Dans le cadre de faveurs sexuelles obtenues par les stratégies de séduction, la surprise ne semble pas viable. En effet le majeur n'est pas trompé sur l'activité sexuelle dont il est sensé comprendre les tenants et aboutissants, car par définition il est détenteur de discernement. Ce qui fait que le consentement de l'enfant n'existe pas, c'est son ignorance et son manque de discernement. Ceci ne vaut pas pour un adulte. Le majeur « victime » pourrait alors se prévaloir de la contrainte morale, mais la contrainte va précisément à l'encontre de ce *modus operandi* qui est employé pour écarter la contrainte. Si la contrainte pouvait être retenue contre « l'auteur », c'est que précisément il aura mal ou pas du tout employé ce *modus operandi* spécifiquement non coercitif. Ceci vaut également pour la menace et la violence. Les atteintes sexuelles, elles, ne peuvent être commises à l'égard d'un majeur. Un majeur ne peut donc pas

192 Le mot victime, comme le mot auteur par la suite, est entre guillemets car justement la personne dans le cas cité ne peut pas être qualifié de victime au sens où l'infraction ne peut être caractérisée.

193 *Le mineur et le droit pénal*, *op.cit*, p. 64

recourir au droit pénal pour se défendre contre ces stratégies non coercitives.

La liberté sexuelle que prévoit le CP empêche les majeurs de se défendre contre ce *modus operandi*, qui pourtant peut être employé à l'égard de tous, puisqu'il s'agit de stratégie de séduction. C'est le fait que la cible du *modus operandi* mis en place par un majeur soit mineure qui rend répréhensible les actes commis par lui, et non le *modus operandi* lui-même.

Le droit pénal ne prévoit pas la cause de séduction parmi les moyens incriminés pour perpétrer une atteinte sexuelle et la faire devenir ainsi une agression sexuelle. Si le majeur cède à ce *modus operandi*, il ne pourra se protéger contre sa propre turpitude,[194] car il aura donné un consentement valable juridiquement. Cependant, nous observons que s'il n'est pas possible, pour un adulte, de se défendre contre une personne employant ce *modus operandi* et qui arriverait à ses fins, il est (potentiellement) possible de s'en défendre tant que l'auteur n'arrive pas à ses fins. En effet, l'article 222-33 du CP prévoyant le harcèlement sexuel, dispose que :

« I. - Le harcèlement sexuel est le fait d'imposer à une personne, de façon répétée, des propos ou comportements à connotation sexuelle qui soit portent atteinte à sa dignité en raison de leur caractère dégradant ou humiliant, soit créent à son encontre une situation intimidante, hostile ou offensante.

II. - Est assimilé au harcèlement sexuel le fait, même non répété, d'user de toute forme de pression grave dans le but réel ou apparent d'obtenir un acte de nature sexuelle, que

[194] Si un majeur est séduit par un autre dans le but d'obtenir des faveurs sexuelles (ce qui vaut pour absolument tous les rapports sexués, et dans tous les sens, et non pas seulement pour l'homme à l'égard de la femme comme c'est si souvent présenté), tandis que l'autre majeur voudrait une relation amoureuse, ce dernier majeur peut souffrir de la situation. Cependant il lui appartenait de ne pas céder à la séduction. La personne doit donc assumer son erreur dans le choix du partenaire.

celui-ci soit recherché au profit de l'auteur des faits ou au profit d'un tiers ».

Dans la catégorie des stratégies employées pour gagner la coopération de la victime à l'activité sexuelle, plusieurs d'entre elles pourraient, lorsqu'elles sont pratiquées sur des majeurs (comme sur des mineurs), être qualifiables de harcèlement sexuel, par exemple : toucher graduellement de façon sexuelle ; parler de plus en plus de sexualité ; commencer un contact sexuel comme si ce n'était pas grave. Cependant, d'après la définition du harcèlement sexuel, il faut que ces stratégies revêtent un caractère abusif en ce qu'elles créent pour la victime une situation intimidante, hostile ou offensante ou que cela porte atteinte à sa dignité. Il pourrait donc s'agir là des cas où ces stratégies sont employées, mais échouent puisqu'elles ne provoquent pas chez la victime l'adhésion, et donc ne permettent pas, pour l'auteur, de gagner la coopération de la victime à une activité sexuelle. N'ayant rencontré l'adhésion, mais insistant tout de même, cela peut créer à l'égard de la victime une situation d'intimidation, hostile ou offensante. Ce sont les cas où ces stratégies de séductions sont employées de manière non subtile. Ce qui différenciera le séducteur de l'harceleur sexuel est donc sa capacité à susciter l'adhésion, c'est le consentement que lui donne la cible. Ainsi, l'infraction de harcèlement sexuel peut s'apparenter en une protection du consentement au rapport sexuel : la protection du droit du majeur de refuser des activités sexuelles. Bien que les stratégies de séduction permettent d'avoir de l'influence sur leur cible, il n'est possible de s'en protéger que si elles échouent et donc précisément quand leur auteur n'a pas d'influence sur la cible. Ceci est tout à fait compréhensible, les stratégies de séduction étant non violentes par définition, il n'y a pas de raison de protéger les adultes qui eux peuvent avoir des relations sexuelles libres et éclairées et ont la liberté sexuelle. Libre à eux de ne pas se laisser séduire, ce dont ils sont capables puisque dotés de discernement.

Le harcèlement sexuel est aggravé s'il est commis sur la personne d'un mineur de 15 ans[195]. Toutefois le harcèlement sexuel est une infraction ayant pour vocation principale à s'appliquer dans le milieu du travail. Par exemple le site internet www.service-public.fr (le site officiel de l'administration française), sur la question du harcèlement sexuel, renvoi, en plus de l'article 222-33 du CP, aux articles L1153-1 à L1153-6 du Code du travail, aux articles L1154-1 et L1154-2 du même code ainsi qu'à la loi n°83-634 du 13 juillet 1983 portant droits et obligations des fonctionnaires : article 6ter ; et la circulaire du 12 novembre 2012 relative au harcèlement et à la discrimination au travail. Bien que l'article 222-33 prévoit un cas général d'application, il n'a pour réelle vocation qu'à s'appliquer dans le milieu du travail, ce qui exclut donc le cas des mineurs. En revanche, il existe certaines infractions spécifiques aux mineurs comme la corruption de mineur prévue par l'article 227-22 du CP et les propositions sexuelles à un mineur de 15 ans par voie électronique prévu par l'article 227-22-1 du même code. L'infraction prévue par l'article 227-22 est une infraction obstacle qui existe pour prévenir de la commission de viol, d'agressions sexuelles ou d'atteintes sexuelles sans menace, violence, contrainte ou surprise. C'est par peur que le mineur répond favorablement à ces propositions que l'infraction existe, afin de pouvoir arrêter l'auteur avant qu'il ne commette un crime plus grave sur le mineur.

Le droit protège donc les mineurs lorsqu'ils coopèrent à l'activité sexuelle ou lorsqu'ils y sont contraints par quelque forme que ce soit, les majeurs en revanche ne sont protégés que quand ils ne donnent pas leur consentement à l'activité sexuelle. Ceci est en accord avec le principe de la liberté sexuelle. En effet protéger des majeurs qui donneraient un

---

[195] L'article 222-33 du CP prévoit que si l'infraction est commise sur la personne d'un mineur de 15 ans, les peines initialement prévues de deux ans d'emprisonnement et de 30 000 € d'amende sont porté à trois ans d'emprisonnement et 45 000 € d'amande.

consentement valable juridiquement à des activités sexuelles serait une atteinte grave aux libertés individuelles.

Que ce soit à l'égard d'un enfant ou d'un adulte, il n'y a aucune protection, dans les infractions sexuelles, contre une emprise ou une influence, à moins que cette emprise ou cette influence soit qualifiable de menace, contrainte ou surprise. Or précisément, l'emprise ou l'influence qu'exerce le pédophile n'utilisant pas la violence est d'une autre nature que la contrainte, la menace ou la surprise. Toutefois, comme exposé précédemment, la contrainte peut être une contrainte morale résultant de la seule différence d'âge entre le mineur et l'auteur.

Dans ce cas, l'emprise ou l'influence qu'exerce le pédophile sur sa victime ou le tiers peut être comprise dans cette définition de la contrainte morale. Cependant, cela n'a vocation qu'à s'appliquer aux très jeunes enfants et donc pas au tiers puisque le tiers est bien souvent majeur.

Il semble donc qu'en aucun cas, un majeur ne puisse se défendre pénalement contre des stratégies de séduction. Puisqu'il est libre, éclairé, doté de discernement, le consentement qu'il donne doit être considéré comme valable dès lors qu'il n'a pas été obtenu du fait de contrainte, violence, menace ou surprise, même si l'auteur exerce sur lui une influence de par son *modus operandi* non coercitif. Pour ces mêmes raisons, il ne semble pas possible de pouvoir exonérer un tiers de son silence délictueux dès lors qu'il a été obtenu ni par menace, contrainte, violence ou surprise.

L'exonération de responsabilité des tiers qui découlerait de la notion d'influence n'est pas compatible avec les notions de consentement et de discernement. Le fait pour un tiers d'être adulte le rend exposable aux stratégies de séduction, contrairement aux enfants. Si un tiers reste silencieux du fait d'une influence obtenue par un *modus operandi* non coercitif, comme pour une activité sexuelle, il ne peut s'en prendre qu'à lui. Il était libre et en mesure de résister. Aussi, l'exonération de responsabilité du tiers silencieux face à des actes de pédophilie ne peut résulter que de la menace, de la contrainte, de la violence ou de la surprise. Ces éléments faisant disparaître le consentement, ils sont juridiquement compatibles avec une exonération de responsabilité. Ils caractérisent le fait que le silence a été imposé au tiers et que donc celui-ci n'était pas consentant à son maintien face à la situation de pédophilie.

Section 2. Préconisations face au silence autour d'acte de pédophile

Pour agir contre le silence qui entoure les actes de pédophilie, il faut agir directement sur la non-dénonciation et ses causes (§ 1), mais également sur les actes de pédophilie eux-mêmes (§ 2).

§ 1. Pour agir contre les non-dénonciations d'acte de pédophilie

Pour agir contre la non-dénonciation et donc le silence des tiers, il est nécessaire d'utiliser en premier lieu le droit (A), avant de voir si d'autres méthodes extérieures au droit peuvent être utiles à la diminution des non-dénonciations d'acte de pédophilie (B).

A. Adapter le droit aux causes de la non-dénonciation des tiers

Une des raisons du silence des tiers face aux actes de pédophilie est le fait que les membres du triptyque A/V/T font partie de la même famille. La famille en tant que système social pousse ses agents au secret. Il est possible d'agir sur cette cause de silence par le droit en proposant que la perte économique pour la famille d'un de ses moteurs économiques soit entièrement palliée, cela indifféremment des dommages et intérêts qui correspondent à la réparation du dommage subit par la victime. Qui plus est, la fonction expressive du droit pénal peut être utilisée pour mieux dissocier l'auteur des autres membres de sa famille afin que la peur du scandale soit minimisée. Bien que ces moyens d'action ne soient valables que dans les situations d'inceste, ils pourraient tout de même ouvrir une perspective.

Puisque beaucoup de mères (cas le plus connu dans des situations d'inceste) ont peur pour des raisons pécuniaires de dénoncer le père incestueux, il est nécessaire que l'Etat, par le droit, apporte une solution à ce problème, dans le but de favoriser les dénonciations. Ainsi, il serait louable que soit donnée aux mères une allocation d'aide à l'éducation, correspondant à la somme que le père rapportait à la cellule familiale aux fins d'éducation. Le droit pourrait utiliser notamment l'article 222-31-1 du CP définissant l'inceste. Dès lors que le père est incarcéré sur le fondement d'un crime ou d'un délit qualifié d'incestueux, les juges devraient se prononcer sur, en plus des dommages et intérêts alloués à la victime, l'allocation d'une somme versée mensuellement (en forme de pension) à la cellule familiale aux fins d'éducation de l'enfant.

Cette pension devrait être versée par l'auteur s'il en a les moyens ou une caisse d'indemnisation de victime. Dès lors, il ne s'agirait plus de faire pendre aux dessus des têtes des mères la menace d'une punition en cas de non-dénonciation, mais de donner une prime à la dénonciation. Plutôt que le bâton, il pourrait être privilégié la carotte. Ainsi devraient être résolues les causes pécuniaires de la non-dénonciation au sein des familles incestueuses. Bien sûr, si la mère est complice, ou incapable de mener l'éducation de l'enfant, une voie alternative doit être trouvée.

Cependant, si des tiers ne dénoncent pas pour des raisons pécuniaires, d'autres tiers dénoncent abusivement pour des raisons pécuniaires également. Aussi il ne faut pas allouer des sommes d'argent n'importe comment au risque de voir s'accroître les dénonciations abusives. En restreignant l'allocation d'une telle pension au seul cas d'inceste, et dans la seule hypothèse où l'auteur faisait économiquement vivre sa victime, le champ des tentations de dénonciations vénales abusives devrait être limité.

Toutefois c'est dans le cadre de divorce que sont le plus souvent commises les dénonciations abusives. Aussi, si l'époux tiers à la possibilité d'obtenir une somme supplémentaire, les tentations de dénonciations vénales abusives seraient finalement renforcées. Afin de ne pas augmenter le total des sommes versées pour ne pas que soient entreprises des dénonciations vénales abusives, une partie des dommages et intérêts pourrait être commutée en pension servant à l'éducation de l'enfant. Cependant, les dommages et intérêts sont donnés à la victime, ors une telle pension devrait être versée à l'époux tiers, quand bien même elle aurait pour finalité de bénéficier à la victime. Les dommages et intérêts alloués à la victime ne doivent pas pâtir de l'allocation d'une telle pension à l'époux tiers puisqu'ils correspondent au dommage qu'a subi la victime. Une telle allocation et les dommages et intérêts n'ont pas les mêmes fonctions ni les mêmes buts, il ne faut donc pas les confondre.

Pour mettre en place une telle aide, incitative à la dénonciation, il faut donc contrebalancer les tentations de dénonciations vénales abusives qu'elle pourrait provoquer. Ainsi, les infractions de dénonciation mensongère, calomnieuse et de diffamation pourraient être aggravées si, en plus de l'atteinte à l'honneur que provoque cette infraction, la dénonciation a un effet « particulièrement infamant ». Une dénonciation abusive serait particulièrement infamante si par exemple elle accuse une personne d'acte de pédophilie. Ainsi, les infractions aggravées de dénonciations abusives devraient compenser les tentations vénales des dénonciateurs abusifs. L'exception de vérité et l'exception de bonne foi, devant toujours fonctionner, elles devraient éviter que soient condamnées des personnes ayant réellement pu penser qu'un acte de pédophilie a été commis. Toutefois, si les punitions prévues en cas de dénonciations abusives sont trop fortes, elles pourraient devenir à leur tour un frein à la dénonciation. Si une personne a des doutes sur la réalité de la situation, elle devrait tout de même ne pas avoir peur de dénoncer les faits afin qu'une enquête soit faite, permettant d'éviter tout risque de laisser un enfant en danger sur le fondement d'un doute. Ainsi l'aggravation des infractions de dénonciation pourrait être contre-productif. Comme vu précédemment, les problèmes de preuves permettent à des auteurs de se retourner contre leur victime après la révélation des faits (comme dans le cas de Sophie). Finalement, à la fin de la chaîne, c'est la capacité à prouver la réalité d'un abus sexuel non violent commis sur un mineur qui doit être améliorée.

Ainsi, pour inciter à la dénonciation il faut que :

- L'époux tiers n'ait rien à perdre à dénoncer l'acte.
- Pour cela il faut allouer une somme d'argent à l'époux tiers.
- Cependant cette somme d'argent, si elle incite à la dénonciation, incite également à la dénonciation abusive.
- Pour éviter les dénonciations abusives, il faut aggraver les infractions prévues avec la circonstance aggravante que constituerait une dénonciation abusive particulièrement infamante.
- Cependant en aggravant les infractions de dénonciation abusives, cela empêchera les tiers ayant des doutes sur la réalité de la situation de dénoncer l'acte, par peur d'une trop grande sanction.

- Pour pousser les tiers n'ayant que des doutes à dénoncer l'acte de pédophilie, il faut que ceux-ci puissent le prouver facilement.
- Qui plus est, si une situation réelle de pédophilie est dénoncée, mais qu'elle ne peut être prouvée, le retour de bâton que constituerait une dénonciation abusive aggravée serait trop important.
- Pour éviter ce retour de bâton, il faut faciliter la preuve de l'acte de pédophilie.

En partant des raisons pécuniaires du silence, nous aboutissons à la question de la preuve de l'acte de pédophilie non violent. C'est donc peut-être ce problème qu'il faut prioritairement résoudre. C'est pourquoi nous verrons par la suite quelques propositions concernant les actes de pédophilie eux-mêmes.

En ce qui concerne le fait que dans certaines familles, la peur du scandale puisse empêcher la dénonciation d'acte de pédophilie, la fonction expressive du droit[196] pourrait être utilisée pour aider la famille à mieux vivre le fait qu'un des membres est un pédophile incestueux. Ainsi, il s'agirait d'exclure légalement le père du système familial. L'incarcération a certes, plus ou moins, cet effet. Mais en réalité, il ne s'agit que d'éloigner temporairement le père de sa famille. Le retrait de l'autorité parentale a également, plus ou moins, cet effet. Mais il ne s'agit que de retirer certains droits au père quant à l'éducation de l'enfant. Le droit pourrait aller plus loin sans que des effets légaux trop importants existent. Ainsi la fonction expressive du droit permettrait de montrer que le père ne fait plus partie de la famille au sein de laquelle il a commis un crime ou un délit d'inceste. Il s'agirait de dissoudre la filiation qu'il a avec son enfant et de provoquer, non pas un divorce, mais une dissolution du mariage avantageuse pour la mère (sans faire de cette dissolution une

---

[196] LAZERGES (C.), De la fonction déclarative de la loi pénale, *Revue de science criminelle et de droit pénal comparé*, volume n° 1, 2004, p. 194

cause vénale de dénonciation abusive, ce qui renvoie aux paragraphes précédents). Dissoudre le lien de filiation empêcherait toutefois la victime d'hériter de son abuseur. Aussi il faudrait prévoir de donner un droit à la victime sur le legs de son agresseur. De ce fait, la question pécuniaire est également évacuée de la question de la rupture de la filiation. En fait, les effets seraient similaires à ceux du simple retrait de l'autorité parentale, mais bien plus signifiant pour la victime et la mère. Ainsi, en excluant juridiquement le père de la famille, du fait du fort symbole d'ostracisme que cela comporte, la peur du scandale pourrait être moindre.

Par exemple, toujours en utilisant l'article 222-31-1 du CP, il pourrait être prévu que, lorsqu'une personne commet un crime ou un délit qualifié d'incestueux alors, à la demande de l'époux, le juge se prononce sur la dissolution du mariage aux conditions prévues par … [prévoir des conditions avantageuses pour l'époux « victime » au sein d'un autre article]. Egalement, et à la demande de la victime ou de son représentant légal, le juge peut se prononcer sur la dissolution du lien filial entre elle et l'auteur, ainsi que sur un droit sur le legs de l'auteur au profit de la victime.

De ce fait, l'Etat interviendrait pour restructurer la famille et non la détruire en plaçant l'enfant par exemple (ce qui doit être fait si aucun membre de la famille n'a la capacité de l'éduquer). Il nous semble plus judicieux de donner à la mère les capacités d'élever son enfant et ainsi conserver ce que le milieu familial a de bon, plutôt que de l'anéantir totalement.

Si cette technique nous semble louable, elle ne nous paraît toutefois pas adéquate en l'état, en ce qu'elle concerne la dissolution du lien filial. En effet, si la famille est mieux protégée, et la dénonciation favorisée, c'est aux dépens de l'auteur. L'auteur est certes un criminel ou un délinquant, mais il doit toutefois lui être réservé une possibilité de réinsertion. Le couper de tous liens avec sa famille pourrait avoir de graves répercussions sur sa potentielle capacité à se réinsérer. Qui plus est, il n'est pas dit que cette technique soit efficace pour favoriser la dénonciation d'acte de pédophilie. Les conséquences pour la victime qui perdrait alors son père pourraient être graves. Comme vu précédemment, l'auteur peut être une personne importante pour sa victime, quand bien même il abuse sexuellement d'elle. Aussi les répercussions psychologiques négatives pourraient totalement contrebalancer les potentiels effets positifs de cette mesure. C'est pourquoi nous ne préconisons pas l'application d'une telle mesure, mais son étude. Sous une autre forme, les effets potentiellement négatifs pourraient être évacués afin que ne soient conservés que les effets positifs. Puisque la famille reste dans les esprits le « bon milieu naturel », il faut l'attaquer avec parcimonie, raison et justesse. La dissolution du lien filial est donc une solution trop extrême et juridiquement plus que discutable. Nous souhaitons simplement ouvrir des pistes de réflexion.

B. L'amélioration de l'information préventive concernant la pédophilie

L'information a un pouvoir très fort. L'éducation également. Il est possible d'apprendre aux enfants comme aux adultes comment réagir face aux actes de pédophilie. Ce type d'information existe déjà. Il faut donc aller plus loin d'une part en apprenant, en plus du comportement à adopter pour l'enfant, le vocabulaire nécessaire à la désignation des actes de pédophilie, d'autre part en apprenant aux adultes à prendre les décisions de dénonciation d'autorité, indépendamment de la volonté de l'enfant.

L'information sur la pédophilie est essentielle. Comme vu précédemment, l'enfant ne peut pas verbaliser et donc penser ce qu'il subit. Cette incapacité peut se transmettre au tiers. Il faut donc sensibiliser les enfants aux termes de « pédophilie », « abus sexuel », « viol », etc. Cela permettrait deux choses. En premier lieu, les enfants apprendront le bon vocabulaire désignant plus jeune et seront plus en mesure de dénoncer eux même les actes qu'ils subissent. De plus, en en parlant à un tiers, celui-ci pourra être bien plus réactif face à la situation, car les faits lui seront immédiatement présentés comme étant criminels ou délictuels et donc devant être dénoncés. En second lieu, à terme, les personnes sensibilisées jeunes à ce type de vocabulaire deviendront des adultes plus alertes. Aussi, même lorsque l'enfant ne parviendra pas à verbaliser la situation de pédophilie qu'il vit, le tiers aura beaucoup plus de facilité à percevoir la réalité de la situation, les « termes désignant » étant ancrés chez lui depuis son jeune âge. Il ne faut toutefois pas traumatiser les enfants trop jeunes avec ce type de vocabulaire. Il appartiendrait aux experts de l'éducation et de la pédagogie de trouver une façon raisonnable d'enseigner ces mots à de jeunes enfants. Il faut de plus apprendre à l'enfant à associer correctement ces mots aux bonnes situations sans quoi l'apprentissage de ce vocabulaire, même jeune, est sans intérêt voir contre-productif. Encore une fois, il faudrait faire preuve de parcimonie dans la mise en place d'une telle information.

Concernant l'influence indirecte qu'exerce l'auteur sur le tiers, il est nécessaire que le tiers agisse d'autorité dans la dénonciation. Comme vu précédemment, il ne faut pas associer l'enfant à la décision de dénonciation, cela revient à rentrer dans un duel d'influence avec le pédophile qui risque d'être perdu. Il faut donc enseigner à tous les adultes susceptibles d'avoir connaissance d'une situation de pédophilie que les faits doivent être dénoncés d'autorité, au mépris de la volonté de l'enfant victime. Toutefois, agir de la sorte risquerait de causer un véritable traumatisme pour l'enfant lors de la procédure judiciaire à laquelle il ne serait pas associé. Sophie par exemple garde un mauvais souvenir de cette procédure : « très honnêtement, cette procédure judiciaire s'est faite sans moi, j'ai suivi le train de la procédure, mais puisque j'étais mineure, alors mon avis, mes envies, mes besoins n'ont pas été pris en compte »[197]. Aussi, pour contrebalancer ces dénonciations d'autorité, il faudrait associer l'enfant à la procédure judiciaire. La mise en place d'une justice restauratrive dès lors que des mineurs sont concernés pourrait être adéquate, notamment du fait de l'« empowerment ». Cependant, l'enfant étant mineur et donc sans discernement (suivant les cas), il pourrait être préjudiciable de lui donner un véritable pouvoir dans une procédure dont il ne saisit pas les enjeux. Il serait donc préférable que l'enfant soit accompagné par, non pas un psychiatre, non pas un avocat, mais un pédagogue dont la fonction serait de lui expliquer tout ce qu'il se passe, les buts d'un procès pénal, l'objectif de protection de l'ordre public qui se joue en plus de la protection de ses intérêts, pourquoi son avis est pris en compte, mais pas nécessairement déterminant, etc. En plus de cet accompagnement pendant le procès, il devrait être mis en place dans les écoles des cours de droit servant à expliquer les fonctions du droit. Les enfants, surtout les enfants victimes, devraient savoir que le droit pénal ne sert pas qu'à punir la personne qui leur a fait du mal, mais également à éviter que cette personne fasse du mal à d'autres enfants. En sachant cela tôt, un enfant qui serait victime pourrait se dire que s'il garde le secret pour lui, que si lui il a la force d'endurer ce qu'il subit pour ne pas que d'autres personnes souffrent de la révélation (puisque c'est ainsi que le pédophile présente les choses à l'enfant), peut-être qu'il laisse d'autres enfants dans la même situation. Il s'agirait toutefois de responsabiliser les enfants à un point peut-être trop élevé pour leur jeune âge. En revanche cela contrecarrait les menaces ou le chantage affectif du pédophile. Celui-ci dit que si l'enfant parle, des personnes vont souffrir. S'il lui est dit que s'il ne parle pas, d'autres personnes vont également souffrir, alors il sera peut-être plus enclin à révéler la nature de sa situation. Ces questions sont peut-être trop difficiles pour être abordées avec de jeunes enfants. Il appartient donc aux experts de l'éducation et de la

[197] Interview de Sophie, Annexe 1

pédagogie de les étudier pour les adapter aux enfants. En tout cas, il nous paraît nécessaire de s'attaquer aux sources de la non-dénonciation pour faire diminuer celle-ci. L'ignorance étant l'une de ces sources, elle se combat par la transmission de savoir.

Concernant les causes de non-dénonciation liées aux traits de personnalité des tiers, elles ne peuvent être traitées que psychologiquement et une fois qu'elles apparaissent au grand jour, c'est-à-dire une fois que la situation de pédophilie a été révélée et qu'il s'avère qu'un tiers n'a pas dénoncé les faits par faiblesse ou jalousie. Aussi, il nous paraît difficile d'agir sur ces causes.

§ 2. Pour agir contre les actes de pédophilie

Agir sur le silence des tiers autour d'acte de pédophilie, que ce soit juridiquement ou non juridiquement, ne suffit pas. Il est essentiel d'agir également sur les qualifications pénales des actes de pédophilie. En effet, le *modus operandi* non coercitif des pédophiles renvoie à une réalité criminologique qui est mal prise en compte dans notre code pénal. Aussi, il pourrait être modifié les éléments constitutifs des infractions d'agression sexuelle ainsi que du viol. Les notions de contrainte et de surprise sont susceptibles de recouvrir les actes de pédophilie commis par séduction. La notion de séduction pourrait aussi s'additionner aux autres éléments constitutifs alternatifs (A). Cette notion de séduction est toutefois bien plus viable au sein de l'infraction autonome que serait la séduction de mineur de 15 ans à des fins sexuelles (B).

A. Modifier la notion de contrainte, de surprise et ajouter la notion de séduction au sein des éléments constitutifs des infractions d'agression sexuelle

Agir sur la non-dénonciation suppose *in fine* de modifier les infractions sexuelles. Car à la fin de la chaîne des causes et des conséquences, la question de la preuve de l'acte de pédophilie apparaît comme déterminante. Faciliter la caractérisation des infractions sexuelles commises sans violence sur les mineurs est le tout premier pas vers une incitation juridique à la dénonciation. Pour faciliter la caractérisation d'une agression sexuelle, il faut que les termes : contrainte, menace, violence ou surprise renvoient à un champ plus large. Les notions de contrainte et de surprise sont les deux points clés, car les plus modulables.

Sur la notion de contrainte d'abord, le droit est déjà en train d'évoluer vers l'étendue de cette notion comme précédemment décrit. En effet l'article 222-22-1 du CP prévoit que la contrainte peut être morale et peut résulter de la seule différence d'âge entre l'auteur et la victime et de l'autorité de droit ou de fait que l'auteur exerce sur la victime. Cet article crée par la loi n° 2010-121 du 8 février 2010 va déjà dans le bon sens. Elle donne la possibilité à certains fait d'être qualifiés d'agression sexuelle, voire de viol, plutôt que d'atteinte sexuelle. La différence d'âge ainsi qu'une autorité de droit ou de fait est facile à caractériser. Le droit à donc déjà évolué dans le bon sens, reste à ce que les juges suivent le mouvement en utilisant cet article pour caractériser la contrainte. En effet, ils sont libres, de par leur appréciation souveraine des faits, de juger qu'il existe bien une contrainte du fait de la différence d'âge entre l'auteur et la victime. Le droit ne leur impose pas de caractériser la contrainte par la seule différence d'âge, mais leur laisse la possibilité de le faire. Il ne nous semble pas nécessaire d'imposer au juge de caractériser la contrainte du fait de la seule différence d'âge qui peut exister entre l'auteur et la victime. En effet, si tel était le cas, l'infraction d'atteinte sexuelle n'aurait plus lieu d'être, toutes les atteintes sexuelles devenant qualifiables d'agressions sexuelles. Il faut conserver l'infraction d'atteinte sexuelle pour garder un palier dans la pénalisation des actes de pédophilie. Geneviève Cédile dans *La pédophilie les leçons du procès d'Outreau* propose de créer une échelle de gravité des actes de pédophilie classant les actes ainsi :

1) Répréhensible
2) Alarmant
3) Grave
4) Très grave
5) Dangereux
6) Très dangereux
7) Criminel

Cette échelle devrait servir à « faciliter la lourde tâche des juges et apporter un tableau de références pour étayer leur intime conviction »[198]. Bien qu'intéressante, cette échelle ne nous paraît pas nécessaire, il existe déjà une hiérarchie dans la gravité des infractions sexuelles dans le Code pénal en fonction des infractions elles-mêmes et de leur aggravation. Cependant, certains pédophiles sont finalement bien plus dangereux qu'il n'y parait : les pédophiles n'usant pas de stratégies coercitives. Les actes de ce type de pédophile doivent gagner quelques places dans l'échelle de gravité. La possibilité de les caractériser en tant qu'agressions sexuelles par la définition possible que peut revêtir la contrainte morale opère déjà cette aggravation des peines. Aussi il ne nous paraît pas nécessaire d'aller forcément plus loin.

Toutefois si la définition de la contrainte morale donnée par l'article 222-22-1 du CP ne suffit pas à qualifier certains actes de pédophilie comme étant des agressions sexuelles et non des atteintes sexuelles, alors il est possible d'user

---

198 CEDILE (G.), *La pédophilie les leçons du procès d'Outreau, op.cit*, p. 176

d'autres méthodes. La notion de surprise nous paraît dans certains cas être adéquate si elle était plus souple. « La surprise consiste à obtenir des faveurs sexuelles en trompant la victime sur la situation réelle ou en abusant de sa difficulté à appréhender celle-ci »[199]. Il se trouve qu'il est de jurisprudence constante[200] que la surprise ne peut renvoyer à des abus sexuels commis régulièrement. La surprise ne peut s'appliquer que ponctuellement, en effet, la notion de surprise s'efface dès lors que la victime subit un second abus. Lors de ce second abus elle ne peut être trompée sur la nature de celui-ci puisqu'elle en a déjà subi un premier. Dans les cas de pédophilie où l'auteur utilise des stratégies non coercitives, les abus sont souvent réguliers. Aussi la surprise ne s'applique pas dans ces cas. Si à l'égard d'adultes cet emploi de la surprise nous paraît justifié, à l'égard des enfants en revanche, cela nous paraît injustifiable. En effet, comme vu précédemment, et en cela, tout le monde s'accorde, les enfants n'ont pas de discernement. C'est justement pour cela qu'ils ne peuvent être consentants à une activité sexuelle. C'est le fait qu'ils ne savent pas à quoi ils consentent qui rend nul ce consentement. Or s'ils donnent ce consentement nul une première fois, il est toujours tout autant nul la seconde fois. En effet, le fait de subir un abus sexuel ne rend pas immédiatement l'enfant adulte, l'abus sexuel ne confère pas de manière mécanique du discernement. Sophie ne se rend compte de l'anormalité de ce qu'elle vit que vers l'âge de neuf ans. Donc pendant ces potentielles neuf années d'abus qu'elle a vécues (elle ne se rappelle plus de l'âge qu'elle avait quand les abus ont commencé) elle a été trompée sur la nature réelle des actes de pédophilie qu'elle subissait, et cela de façon constante. Tant qu'un enfant n'est pas capable de comprendre la nature des actes de pédophilie qui sont posés sur lui, il est donc trompé sur la nature réelle de la situation. Aussi, même si un auteur abuse tous les jours

---

[199] *Le mineur et le droit pénal, op.cit*, p. 64

[200] Cour de cassation, chambre criminelle, 1er mars 1995, n° de pourvoi 94-85393

de sa victime, la répétition des actes n'emporte pas la suppression de la surprise. La surprise n'est plus la surprise dès lors que la personne comprend la nature réelle de la situation, ce que des enfants abusés très jeunes ne peuvent comprendre avant un certain âge.

Aussi, à la manière de l'article 222-22-1 du CP pourrait être créé un article prévoyant une possible définition que peut revêtir la notion de surprise, à charge pour la juridiction de jugement d'apprécier souverainement le cas d'espèce par la suite. Un tel article pourrait se rédiger comme suit : « la surprise prévue par le premier alinéa de l'article 222-22 du CP peut résulter du manque de discernement de la victime en raison de son âge. Tant que la victime n'est pas capable de discerner la nature réelle des évènements, elle peut être en état de surprise, même si les actes sont commis de manière répétée ». De cette manière, et de la même façon que le fait l'article 222-22-1 du CP, le champ des agressions sexuelles pourrait s'élargir à certains actes de pédophilie, notamment ceux commis par l'utilisation de stratégies n'utilisant pas la contrainte, à charge pour le juge d'apprécier la réalité de l'état de surprise de la victime. Toutefois, dès lors que la victime devient consciente de l'anormalité de la situation, la surprise s'effacerait. Ainsi, Sophie, après avoir découvert l'anormalité de sa situation continuera d'être abusée par l'auteur. Dans certains cas, la surprise, même redéfinie, ne pourrait pas être employée.

Enfin, afin d'aggraver les actes de pédophilie commis par l'emploi de stratégies non coercitives, il pourrait être intégré à l'article 222-22 du CP la notion de séduction parmi les éléments faisant disparaître le consentement de la victime. Cependant, l'introduction de ce terme pourrait être dangereux, en effet, la séduction ne devrait pas être interdit dans les rapports entre adulte. La notion de séduction devrait donc être, premièrement : entièrement cantonnée aux infractions sexuelles et secondement : aux infractions sexuelles sur mineur. La place de ce terme ne devrait donc pas être dans l'article 222-22 puisqu'il prévoit les agressions sexuelles de manière générale et non pas seulement à l'égard des mineurs. Un article supplémentaire pourrait être rajouté, rédigé ainsi : « Constitue également une agression sexuelle toute atteinte sexuelle commise par séduction à l'égard d'un mineur de 15 ans ». En ce qui concerne les agressions sexuelles, cet article ne s'opposerait pas aux circonstances aggravantes déjà prévues.

Pour le viol, pourrait être rajouté un article rédigé ainsi : « Constitue également un viol tout acte de pénétration sexuelle, de quelque nature qu'il soit, commise sur la personne d'un mineur de 15 ans par un majeur par séduction ». Cependant dans ce cas, cette infraction nouvelle de viol par séduction sur mineure de 15 ans rentrerait en contradiction avec la circonstance aggravante prévue par l'article 222-24 du CP qui est de commettre un viol sur mineur de 15 ans. En effet, il ne faut pas que l'infraction prévoie elle-même dans ses éléments constitutifs ce qui est constitutif d'une circonstance aggravante. Il faudrait donc inclure la séduction directement dans l'article 222-23 prévoyant le viol, mais cela reviendrait, comme pour les agressions sexuelles, à prévoir la séduction de manière générale, et donc pour les adultes.

La notion de séduction ne peut être rajoutée parmi les circonstances aggravantes puisque le but de cette notion est de faciliter la caractérisation du viol, et non d'une de ses circonstances aggravantes. Pour le viol, la notion de séduction ne peut donc ni être rajoutée dans le texte, ni au sein d'une infraction assimilée, ni au sein des circonstances aggravantes. Si cette notion ne peut être rajoutée pour le viol, elle ne devrait pas l'être non plus pour les agressions sexuelles. En effet, une pénétration sexuelle commise par séduction sur la personne d'un mineur deviendrait alors une agression sexuelle commise par séduction sur la personne d'un mineur. Si la notion n'existe pas pour le viol, elle oblige à qualifier d'agression sexuelle tout ce qui devrait relever du viol. La notion de séduction, bien qu'intéressante, devrait donc être employée d'une manière différente. C'est au sein du problème de la preuve que la notion de séduction trouve sa place. Il faudrait utiliser la notion de séduction dans une infraction autonome de manière à contourner le problème de la preuve qui se trouve être un des sommets de la chaîne de causes et de conséquences conduisant au silence des tiers.

B. Instaurer la notion de séduction dans une infraction autonome : la séduction de mineur de 15 ans à des fins sexuelles

En créant une infraction autonome dont les éléments constitutifs seraient simples à caractériser, un grand nombre d'actes de pédophilie pourraient devenir plus facilement condamnables et donc dénoncés. L'infraction de séduction de mineur à des fins sexuelle, basée sur la réalité criminologique des cas de pédophilie, permettrait de condamner facilement la grande majorité des pédophiles. L'infraction proposerait une échelle de sanction par le biais de ses circonstances aggravantes. Qui plus est, dès lors que la menace, violence, contrainte ou surprise serait caractérisable, les faits pourront toujours être qualifiés d'agression sexuelle ou de viol. Il s'agirait donc de créer une infraction spécifique pour les pédophiles usant d'un *modus operandi* non coercitif. Si ni la séduction, ni la violence, contrainte menace ou surprise ne peuvent être qualifiées, alors les faits pourraient toujours être qualifiables d'atteinte sexuelle. Et encore, dans certains cas, les faits pourraient ne pas être qualifiables d'atteinte sexuelle, mais pourraient être qualifiables de séduction de mineur à des fins sexuelles. C'est donc un nouveau champ d'incriminations qui serait ouvert avec cette infraction.

Comme vu précédemment, un abus sexuel sur mineur ne laisse pas forcément de trace. Il est donc extrêmement difficile d'apporter la preuve de l'atteinte sexuelle ou de la pénétration sexuelle afin de caractériser l'infraction. Cela particulièrement dans les cas où le pédophile n'use pas de stratégies coercitives. Le pédophile s'emploie en effet à gagner la coopération de la victime à l'activité sexuelle, ce qui a notamment pour conséquence que la victime ne se défend pas pendant l'acte, ne laissant pas de traces sur elle ou l'auteur, ce genre de trace étant autant de preuves matérielles de l'abus. Qui plus est, même en cas de violence, il peut arriver qu'aucune trace ne soit laissée sur le corps. Si des traces sont laissées au moment des abus, elles peuvent ne plus exister au moment de la révélation des faits qui est souvent tardive. C'est pourquoi non-dénonciation et preuve de l'acte de pédophilie sont intimement liés.

Les conséquences psychologiques sur le mineur peuvent, elles, être facilement établies (quand il y a des conséquences psychologiques). La relation entre l'auteur et la victime peut être facilement établie aussi (en fonction des cas). Il faudrait donc plutôt utiliser cela pour caractériser l'infraction et non des traces physiques. C'est là que la notion de séduction pourrait intervenir. Il pourrait être créé une infraction autonome de séduction de mineur de 15 ans à des fins sexuelles.

Ainsi serait incriminé le fait pour un majeur de séduire un mineur de 15 ans à des fins sexuelles. Il faudrait donc d'une part être capable de caractériser, et donc d'en apporter la preuve, la séduction. En fonction de la définition que revêt la notion de séduction, cette preuve serait plus ou moins facile à apporter. Il s'agirait donc de trouver une définition juste de la séduction. D'autre part, il faudrait être capable de caractériser, et donc d'en apporter la preuve, les fins sexuelles de la séduction. Pour ce faire, la matérialité d'une atteinte sexuelle le permettrait, comme pour toutes les autres infractions, mais aussi, et simplement, l'intention de l'auteur. De manière générale, les intentions des auteurs sont déduites de leurs actes matériels.

Ainsi l'intention de tuer une personne va souvent se déduire de la façon dont l'auteur a tué sa victime. La séduction de mineur de 15 ans à des fins sexuelles pourrait se prouver soit de l'existence d'une atteinte, soit du *modus operandi* de l'auteur. S'il s'avère que l'auteur met en place toutes les stratégies subtiles et manipulatoires précédemment décrites à l'égard d'un mineur de 15 ans, alors l'intention sexuelle et la séduction pourront être caractérisées ensemble et donc l'infraction serait caractérisée sans que l'atteinte n'ait à être prouvée, ni même commise.

Toutefois il ne serait pas normal de prévoir les mêmes peines pour un pédophile ayant commis des actes superficiels et pour un pédophile ayant eu des rapports sexuels complets avec sa victime. Il pourrait être ajouté à l'infraction de séduction de mineur de 15 ans à des fins sexuelles une série de circonstances aggravantes. Certaines circonstances aggravantes pourraient être liées à la qualité de l'auteur, par exemple s'il est un ascendant de la victime ou une personne ayant autorité sur elle. D'autres circonstances pourraient, elles, être liées à la gravité des actes commis par l'auteur. Ainsi, l'infraction de séduction de mineur de 15 ans à des fins sexuelles pourrait être aggravée si l'auteur a pénétré sexuellement la victime, quelle que soit la nature de la pénétration.

Une telle infraction, dont les éléments constitutifs seraient suffisamment bien définis (pour n'être ni trop large, ni trop restrictif), et assortie de circonstances aggravantes adéquates, serait parfaitement autonome. Elle créerait un nouveau champ d'incriminations d'acte de pédophilie en ce qu'elle ne recouvre pas les mêmes champs d'application que les infractions prévoyant le viol et les agressions sexuelles. Elle pourrait toutefois, dans certains cas, recouper le même champ d'application que les atteintes sexuelles sur mineur sans violence, menace, contrainte ou surprise. Mais étant une infraction plus spéciale, elle devrait s'appliquer en priorité aux atteintes sexuelles dès lors qu'elle peut être caractérisée.

En ce qui concerne la preuve, si les actes sexuels commis ne peuvent être matériellement prouvés, cela n'empêche pas l'infraction de se caractériser, puisque c'est la séduction et l'intention sexuelle qui sont les éléments constitutifs de l'infraction. Les actes matériels, s'ils peuvent être prouvés, caractérisent alors des circonstances aggravantes et non l'infraction elle-même.

Toutefois, cette infraction pourrait rentrer en concurrence avec la corruption de mineur prévue par l'article 227-22 du CP. L'infraction de propositions sexuelles à un mineur par voie électronique prévue par l'article 227-22-1 pourrait également poser problème puisque ce qu'elle prévoit rentrerait dans le champ d'application de l'infraction de séduction de mineur de 15 ans à des fins sexuelles. La corruption de mineur permet déjà de pénaliser des comportements sexuels ou sexués à l'égard de mineur, par exemple le fait de projeter devant des mineurs des films pornographiques[201] pourrait tout à fait rentrer dans des stratégies de séduction (pour désensibiliser le mineur à la question du sexe, exciter sexuellement le mineur, etc.). Si, dans la corruption de mineur, il n'est pas nécessaire de caractériser le fait que l'attitude ait troublé le mineur ni qu'il y a eu par la suite un acte sexuel effectué par le mineur ou à l'encontre de celui-ci, il faut toutefois caractériser le caractère obscène de l'acte pour caractériser l'infraction. Les stratégies employées par les pédophilies n'usant pas la contrainte ne sont pas forcément obscènes. Il y a donc bien une différence entre la corruption de mineur et la séduction de mineur de 15 ans à des fins sexuelles. Aussi, la corruption de mineur pourrait s'inscrire dans cette nouvelle infraction que serait la séduction de mineur de 15 ans à des fins sexuelles en en devenant une circonstance aggravante (sous réserve d'une bonne définition de la séduction).

Il en va de même pour l'infraction de propositions sexuelles à mineur de 15 ans par voie électronique. Cette infraction pourrait s'inscrire dans cette nouvelle infraction

---

[201] Cour de cassation, chambre criminelle, 19 juin 1996, n° de pourvoi 95-83756

que serait la séduction de mineur de 15 ans à des fins sexuelles en en devenant une circonstance aggravante. Cela ne poserait pas de problème puisque le fait de faire des propositions sexuelles à mineur caractériserait la séduction (pourvu que la définition de la séduction soit bonne) et l'intention sexuelle. La perte de l'autonomie de l'infraction de propositions sexuelles à mineur de 15 ans par voie électronique serait donc sans conséquence.

En facilitant la caractérisation des infractions sexuelles, ce qui pour le moment n'est pas forcément simple à cause des problématiques que posent les preuves en matière de pédophilie, il devrait être plus compliqué pour un auteur de se retourner contre sa victime. Ainsi, les dénonciations devraient être facilitées dès lors que les causes du silence sont liées au souci de subir un retour de bâton par la justice. L'échelle des sanctions, du fait des circonstances aggravantes, ne devrait pas aggraver le nombre de dénonciations abusives, puisque pour obtenir des dommages et intérêts particulièrement importants, il faudrait *in fine* prouver la pénétration sexuelle. Le problème des doutes sur la réalité de la situation n'est en revanche pas géré par l'existence de l'infraction de séduction de mineur de 15 ans à des fins sexuelles. En effet, une personne ayant des doutes ne devrait pas plus dénoncer les faits par l'existence d'une nouvelle infraction. En appliquant la qualification d'inceste à cette infraction et ainsi la possibilité de dissolution du mariage et du lien de filiation précédemment évoqué, il pourra être possible d'agir sur les causes pécuniaires du silence des tiers ainsi que sur la peur du scandale. En ajoutant à cela les préconisations non juridiques évoquées précédemment, il serait possible de, non pas résoudre la problématique du silence des tiers, mais favoriser les tiers à dénoncer les actes de pédophilie dont ils seraient au courant, et cela dans le souci de protection des mineurs inhérent au droit.

En conclusion de la deuxième partie

Nous avons analysé le contexte dans lequel le tiers s'intègre. Le triptyque A/V/T semble être un système interconnecté du fait qu'il est multi relationnel. Le pédophile en tant qu'acteur de ce système (l'un de ses agents) joue bien un rôle sur le tiers. Le pédophile a une réelle influence sur le silence du tiers soit directement soit indirectement en influençant tout le « système triptyque » A/V/T. Toutefois les influences du pédophile sur le silence du tiers, lorsqu'elles sont indirectes ou directes, mais issues d'un *modus operandi* non coercitif ne sont pas susceptibles de déresponsabiliser le tiers de son silence délictueux. L'établissement de cause d'exonération dans les infractions de non-dénonciation (que seraient la violence, la menace, la contrainte ou la surprise) pourrait tout de même être mis en œuvre. En effet, cela « juridictionnaliserait » le traitement des tiers silencieux qui pourraient se voir poursuivis plus facilement. La cause d'exonération de responsabilité servirait de délimitation entre le tiers au silence délictueux et le tiers au silence coupable.

Conclusion

Nous avons cherché à comprendre les causes du silence des tiers faisant face à un acte de pédophilie. Nous avons également cherché à comprendre quel rôle joue le pédophile sur ce silence. Pour ce faire nous avons procédé en deux temps, un premier pour l'observation correspondant à la description de la situation de pédophilie et un second temps pour l'analyse de cette situation pour en dégager des éléments propres à savoir si le pédophile influence le tiers silencieux.

Nous avons d'abord observé le *modus operandi* des pédophiles non violents. Il semble qu'ils mettent sous emprise leur victime par le gain de confiance d'abord puis le gain de la coopération à l'activité sexuelle ensuite. Cette influence est produite notamment grâce à des stratégies qui sont subtiles et manipulatoires, car correspondant aux techniques psychosociales de manipulation tel que l'engagement. Les stratégies employées passent également par le langage. De cette influence qu'a l'auteur sur sa victime découle un problème de consentement. En effet, l'enfant semble donner un consentement à l'activité sexuelle. Cependant le droit prévoit que ce consentement est nul du fait du manque de discernement de l'enfant. Pour résoudre les problèmes de preuves liés à la caractérisation de la violence, menace, contrainte ou surprise, les atteintes sexuelles sur mineur sans violence ont été instituées.

Ensuite, le tiers vient s'arrimer à cette situation par son obligation de dénonciation. Le droit pose des obligations et des interdictions, mais celles-ci peuvent être violées. Le tiers a subjectivement le choix entre la dénonciation et la non-dénonciation. Le droit encadre ces deux possibilités. Il existe des problèmes : les dénonciations abusives. Pour s'en protéger, le droit prévoit des infractions protégeant le droit à l'honneur, mais le pédophile peut se servir de ces infractions pour se retourner contre sa victime en l'absence de preuve de sa culpabilité. De la non-dénonciation se déduit le problème de la crédibilité de la parole de l'enfant. Il ne saurait être cru aveuglément, il ne saurait être ignoré aveuglément. C'est pourquoi l'examen de crédibilité est un outil important. La parole de l'enfant c'est avant tout du langage et ce langage est faillible. Au-delà de cette question de la crédibilité, la non-dénonciation a des conséquences pour la victime, pour l'auteur et pour le tiers. Ces conséquences prouvent que le tiers joue bien un rôle dans cette situation de pédophilie.

A partir de tous ces éléments que nous avons constatés, nous avons pu analyser le rôle du pédophile dans le silence du tiers.

En premier lieu, le silence du tiers est causé non pas par le pédophile lui-même, mais par le triptyque A/V/T tout entier. Plus précisément c'est la structure sociale dans laquelle s'inscrit ce triptyque qui est cause de silence. Les systèmes clos agissent socialement sur leurs agents. La famille principalement. Le pédophile joue donc un premier rôle par sa position au sein du système.

En second lieu, le silence est d'abord imposé à la victime par le pédophile. Le tiers reste bien tiers à l'infraction, mais le silence qui est imposé à la victime a des répercussions sur le tiers. En effet, le pédophile impose le silence à sa victime par un *modus operandi* spécifique. Ce *modus operandi*, le pédophile peut également l'employer à l'égard du tiers. Les faiblesses psychologiques du tiers vont renforcer sa capacité au silence.

En troisième lieu, c'est le langage qui joue un rôle dans le silence du tiers. En effet, le silence c'est avant tout une question d'absence ou de manque de langage. Comme nous l'avons observé, le pédophile se sert du langage pour mettre sa victime sous son influence et la victime se sert du langage pour révéler l'acte. Si le tiers peut constater la situation de pédophilie, il peut ne pas réussir à la penser. Il s'agit des cas où le bon vocabulaire désignant n'est jamais apposé à la situation de pédophilie. En effet l'enfant ne pré possède pas le bon langage et le pédophile, non seulement ne donne pas le bon vocabulaire à l'enfant, mais qui plus est lui donne un vocabulaire à la polarité inverse. Le tiers à qui la situation de pédophilie apparaît au grand jour, mais apparaît sous le meilleur des jours doit faire un effort de conceptualisation important pour appliquer à cette situation le bon vocabulaire désignant et ainsi penser l'acte comme répréhensible.

En dernier lieu, c'est la transitivité de l'influence qui joue un rôle sur le silence des tiers. L'influence au sein du triptyque A/V/T est transitive : l'auteur influence la victime, la victime influence le tiers donc l'auteur influence le tiers. De la même manière que les stratégies marketing s'attaquent à l'enfant pour en faire un vecteur d'achat, le pédophile s'attaque à l'enfant et en fait un vecteur de silence.

Finalement, nous constatons que c'est le triptyque A/V/T tout entier qui peut causer le silence, que cela soit socialement ou du fait de l'interconnexion des relations. Le pédophile joue un rôle dans ce triptyque aussi il joue un rôle dans le silence du tiers. De plus, il peut jouer un rôle direct dans le silence du tiers par la séduction.

De cette analyse découle une remise en question de la place du tiers prévue par le droit. Il faut se questionner sur la pertinence du dispositif juridique concernant les tiers silencieux.

C'est le procureur de la République qui règle la question du tiers silencieux et non la juridiction de jugement. Certes le procureur a un pouvoir d'opportunité des poursuites qui lui permet légalement de ne pas poursuivre les tiers silencieux s'il le souhaite. Mais la quasi-systématisation des non-poursuites n'est pas logique. Seuls les cas les plus importants sont envoyés devant les juridictions de jugement. Il semble donc qu'une limite entre le tiers silencieux au comportement délictuel et le tiers silencieux au comportement non délictuel existe déjà. Mais cette limite est informelle, il nous paraît donc opportun de la prévoir juridiquement.

Cependant, le tiers a une véritable obligation de dénonciation, qui est saine et louable au vu des conséquences de la non-dénonciation. Malgré les causes du silence que nous avons analysées, le tiers est responsable face à elles. Le pédophile, mise à part l'influence directe par l'application du *modus operandi* non coercitif, ne joue qu'un rôle subsidiaire dans les causes du silence du tiers. Le silence est dû en partie au triptyque A/V/T tout entier du fait qu'il est un système multi relationnel. Le tiers en tant que majeur a le devoir de résister aux effets mécaniques de production de silence, tout simplement, car c'est le seul à pouvoir le faire.

Cette distinction entre le tiers silencieux coupable et le tiers silencieux innocent pourrait revêtir la forme d'une cause d'exonération de responsabilité dans les infractions de non-dénonciation. En revanche, la séduction est inopérante dans le cas du tiers lorsqu'il est majeur.

En effet, le tiers silencieux majeur est doté de discernement. Aussi le consentement qu'il donne est valable juridiquement. Aucune stratégie de séduction ne saurait être condamnable lorsqu'elle est produite à l'égard d'un majeur. De ce fait lorsque le tiers garde le silence du fait d'une stratégie de séduction il le fait avec discernement, il consent à garder le silence, et ce consentement délictuel est valable juridiquement. Les seules limites valables entre tiers silencieux coupable et tiers silencieux innocent sont donc pour nous la menace, la contrainte, la violence ou la surprise.

Puisque le rôle que joue le pédophile dans le silence du tiers ne saurait être un moyen de déresponsabiliser le tiers (sauf menace, violence contrainte ou surprise), il est nécessaire de rechercher ailleurs des améliorations de la situation.

Il est possible d'agir sur la peur de la perte économique pour la famille que représente l'incarcération du pédophile. Une compensation pourrait être prévue. En ce qui concerne la peur du scandale, la fonction expressive du droit pénal pourrait être utilisée pour faciliter la dissociation du pédophile avec sa famille et ainsi atténuer le scandale. Toutefois il semble que cette méthode soit extrême et potentiellement inefficace voir contre-productive.

Il nous semble finalement qu'il faille régler les problèmes connexes aux non-dénonciations pour favoriser la dénonciation des tiers. Il faut faciliter la caractérisation des infractions d'acte de pédophilie pour faciliter la dénonciation des tiers. D'une part cela est possible en étendant le champ d'application des notions de contrainte et de surprise. D'autre part il pourrait être créé une infraction spécifique prenant en compte la réalité criminologique de la pédophilie, c'est-à-dire que le pédophile passe à l'acte grâce à un *modus operandi* non coercitif : il séduit sa victime.

Pour répondre précisément à notre problématique, il semble en effet que le pédophile joue un rôle dans le silence des tiers. Cependant, tant qu'il n'y a pas violence, menace, contrainte ou surprise, le tiers silencieux ne peut être déresponsabilisé. En effet il appartient au tiers de résister à tous les effets le poussant au silence, ce qu'il peut faire en tant que majeur. Le *modus operandi* du pédophile non violent ne saurait être une cause de déresponsabilisation du tiers silencieux.

S'arrêter à l'idée que tous les agissements d'apparence neutre sont condamnables est antiproductif, car ne menant à rien. Il faut dépasser cette idée, afin non pas d'excuser les tiers silencieux, mais de les comprendre pour les empêcher d'agir de la sorte. C'est ce que nous avons tenté de faire avec la pédophilie. Le dépassement de l'idéologie concernant la neutralité n'a en effet rien de dangereux. Pour preuve, l'exonération de responsabilité devrait conduire à une augmentation des condamnations de tiers silencieux, car ils seraient désormais poursuivis pour leurs actes du fait qu'il existerait une base légale pour ne pas les condamner lorsqu'ils ne le méritent pas. Ce n'est donc pas une déresponsabilisation, mais au contraire un renforcement de leur responsabilité.

Nos analyses sont plus proches d'hypothèses que de faits établis puisque n'étant pas basées sur une étude méthodologique des tiers silencieux, mais sur l'observation du contexte du silence des tiers. Il pourrait donc être judicieux d'approfondir nos analyses par des études spécialisées sur les tiers. Il pourrait par exemple être fait une enquête sur les tiers silencieux au moyen d'un questionnaire d'autorévélations. Cet outil serait le plus judicieux puisqu'étant silencieux, la plupart des tiers silencieux sont inconnus de la justice. Quand ils sont connus, ils ne sont pas forcément poursuivis. Cela permettrait de compléter nos analyses sur la transitivité de l'influence, l'importance du langage et le rôle de la structure sociale notamment et d'aboutir à des moyens d'action plus efficaces et pertinents que les pistes que nous avons déjà suivies. L'approche complexe que nous avons tentée (par l'utilisation de plusieurs sources, plusieurs disciplines et l'étude du tiers au sein du triptyque A/V/T et non de façon dissociée) nous a permis de tirer des conclusions que nous n'aurions probablement pas eu avec une approche spécialisée : le triptyque A/V/T est un système, car il est doté d'interconnexions influençant le silence du tiers ; le pédophile joue bien un rôle sur le silence du tiers à travers le rôle qu'il joue dans le système triptyque A/V/T. Ces conclusions pourraient être complétées et approfondies par une approche spécialisée, ce qui nous semble être la suite logique de notre travail.

En plus d'approfondir l'étude du silence concernant la pédophilie, il faudrait l'étendre à d'autres domaines. Nous connaissons aujourd'hui dans les sociétés occidentales le phénomène des lanceurs d'alertes. Ces lanceurs d'alertes sont très importants puisqu'ils concernent des sujets de santé publique (scandale du médiator, mortalité des abeilles) ou d'abus de pouvoir extrême (l'affaire Snowden). Le droit, notamment français, est en train de prévoir un dispositif juridique pour protéger les lanceurs d'alertes et leur permettre d'agir ce qui est très bien[202]. Toutefois l'existence de lanceurs d'alertes implique nécessairement l'existence de personnes silencieuses. Si nous voulons plus de lanceurs d'alertes, il faut d'une part les protéger (ce qui se fait déjà) et d'autre part comprendre pourquoi il y en a si peu, comprendre pourquoi les autres se taisent.

---

[202] Par exemple : Loi n° 2016-1691 du 9 décembre 2016 relative à la transparence, à la lutte contre la corruption et à la modernisation de la vie économique, loi dite Sapin II.

Index

S

T

Bibliographie

Ouvrages spécialisés :

AMBROISE-RENDU (A-C.), *Histoire de la pédophilie XIXème – XXIème siècle*, Fayard, 2014

ANCIBURE (F.) et GALAN-ANCIBURE (M.), *La pédophilie comprendre pour réagir*, Dunod, 2008

ANTONOWICZ (G.), *agressions sexuelles la réponse judiciaire*, Odile Jacob, 2002

BONGRAIN (M.), *le « tiers » protecteur de l'enfant victime ?*, Eres, 2004

BRIE (G.), *Des pédophiles derrière les barreaux*, L'Harmattan, 2014

BOUILLON (M.), *Viol d'anges (pédophilie : un magistrat contre la loi du silence)*, CalmannLévy, 1997

CEDILE (G.), *La pédophilie les leçons du procès d'Outreau*, 2e édition, Editions ESKA, 2005

COUTENCEAU (R.), *Vivre après l'inceste*, Desclée de Brouwer, 2004,

DALIGAND (L.), *l'enfant et le diable - accueillir et soigner les victimes de violences*, l'Archipel, 2004

GABEL (M.), *Les enfants victimes d'abus sexuels*, Presses Universitaires de France, 1992

GRUYER (F.), FADIER-NISSE (M), SABOURIN (P), *La violence impensable (inceste et maltraitance)*, Nathan, 1991

IACUB (M.), *Le crime était presque sexuel et autres essais de casuistique juridique*, Champs Flammarion, 2002

JOULE (R-V) ET BEAUVOIS (J-L), *La soumission librement consentie : comment amener les gens à faire librement ce qu'ils doivent faire ?*, Presses Universitaires de France, 1998

KAHN (J-F.), *Dictionnaire incorrect*, Plon, 2005

LASSUS (P.), *l'enfance sacrifié, de la maltraitance des enfants et du d'effort pour la combattre*, Albin Michel, 1997

MORE (C.), *Les violences sexuelles sur mineurs*, L'Harmattan, 2006

MORIN (E.), *Introduction à la pensée complexe*, édition du seuil, 2005

SELLIER (H.), HUTIN (M-P.), ANTIER (E.) et KALFON (J.), *Enfance massacrée*, éditions Raphaël, 2003

WIESEL (E), *Discours d'Oslo*, Grasset, 1987

Ouvrages collectifs :

Les enfants victimes d'abus sexuels, Presses Universitaires de France, 1992

Le mineur et le droit pénal, L'Harmattan, 1997

La victime est-elle coupable ? Autour de l'œuvre d'Ezzat Abdel Fattah, sous la direction de CARIO (R.) et MBANZOULOU (P.), L'Harmattan, controverses, 2004

Signaler et après ? Eres, 2005

Thèse et mémoire :

Expertise psychologique de l'enfant et de l'adolescent en enquête préliminaire, thèse, Université Paris 13 – Nord Sorbonne Paris cité, 2015

Article et Chroniques :

LAZERGES (C.), De la fonction déclarative de la loi pénale, *Revue de science criminelle et de droit pénal comparé*, volume n° 1, 2004, p. 194

Jurisprudence :

Cour de cassation, chambre criminelle, 13 octobre 1992, n° de pourvoi 91-82456, publié au bulletin

Cour de cassation chambre criminelle, 17 novembre 1993, n° de pourvoi 93-80466, publié au bulletin

Cour de cassation chambre criminelle, 25 octobre 1994, n° de pourvoi 94-84072

Cour de cassation, chambre criminelle, 1er mars 1995, n° de pourvoi 94-85393
Cour de cassation, chambre criminelle, 19 juin 1996, n° de pourvoi 95-83756, publié au bulletin 265
Cour de cassation chambre criminelle, 9 avril 1997, n° de pourvoi 96-84431, non publié au bulletin
Cour de cassation chambre criminelle, 8 octobre 1997, n° de pourvoi 94-84801, publié au bulletin
Cour de cassation, chambre criminelle, 12 janvier 2000, n° de pourvoi 99-80534, publié au bulletin
Cour de cassation, chambre criminelle, 27 février 2001, n° de pourvoi 00-84532, publié au bulletin
Cour de cassation, chambre criminelle, 7 décembre 2005, n° de pourvoi 05-81316, publié au bulletin
Cour de cassation, chambre criminelle, 6 septembre 2006, n° de pourvoi 05-87274
Cour de cassation, chambre criminelle, 27 novembre 2007, n° de pourvoi 07-82399
Cour de cassation chambre criminelle, 17 juin 2008, n° de pourvoi 07-80767 Décision n° 2011-222 QPC du 17 février 2012

Avis, rapport et documents officiels :

BALIER (C.), CIAVALDINI (A.) et GIRARD-KAHYAT (M.), *Rapport de recherches sur les agressions sexuelles*, La documentation Française, novembre 1996.

LECLERC (B.) et PROULX (J.), *Les agresseurs sexuels qui travaillent avec des personnes d'âge mineur : gagner la confiance et la coopération de la victime lors de la réalisation du délit*, Forensic numéro spécial, mai 2005

Rapport sur la proposition de loi visant à identifier, prévenir, détecter et lutter contre l'inceste sur les mineurs et à améliorer l'accompagnement médical et social des victimes, Assemblée nationale, XIIIème législature, n° 1601, 8 avril 2009.

Bulletin sur la délinquance enregistrée pour l'année 2015, ONDRP, mars 2016

Divers

Articles de presse :

L'arme du soupçon d'inceste, *L'express*, 15 avril 1999

Suicide et correctionnelle pour un soupçon de pédophilie, *Libération*, 23 mai 2001

Dénonciation d'acte pédophiles : quelles obligations ?, *Libération*, Droit dans l'actu, 31 mai 2011

Suicide du directeur d'école soupçonné de pédophilie : « la colère » des victimes, *Le Parisien*, 5 avril 2016

Education nationale : 30 radiation en 2016 pour pédophilie et pédopornographie, *RTL.fr*, 23 février 2017

Documents vidéo :

Luc Ferry met en cause un ancien ministre - Le Figaro, Youtube.fr

Pièce à conviction - pédophilie les silences de l'Eglise, Youtube.fr

DELEU (X.), *Pédophilie : de la pulsion à l'interdit,* LCP /Découpage, 2011

Site internet :

https://www.alesiacom.com/

https://lexique.netmath.ca/

http://www.allo119.gouv.fr/

http://www.justice.gouv.fr/

https://www.inhesj.fr/fr/ondrp/

Lois :

LOI n° 89-487 du 10 juillet 1989 relative à la prévention des mauvais traitements à l'égard des mineurs et à la protection de l'enfance

LOI n° 2007-293 du 5 mars 2007 réformant la protection de l'enfance

LOI n° 2016-297 du 14 mars 2016 relative à la protection de l'enfant

LOI n° 2016-1691 du 9 décembre 2016 relative à la transparence, à la lutte contre la corruption et à la modernisation de la vie économique

ANNEXES

Annexe 1 : Interview de Sophie

Le nom « Sophie » est un pseudonyme. Puisque Sophie n'a donné aucun élément susceptible de révéler son identité dans ses réponses, nous n'avons pas eu à modifier ses réponses pour garantir son anonymat. Le questionnaire lui a été transmis par écrit, elle y a répondu par écrit. Ses réponses sont donc reproduites ici textuellement. Nous avons découpé l'interview en cinq phases temporelles : avant le passage à l'acte ; le passage à l'acte ; du premier passage à l'acte jusqu'à la révélation des faits ; la révélation des faits ; après la révélation des faits.

Phase 1 : avant le passage à l'acte

-*À quel âge les faits se sont-ils produits ?*

Encore aujourd'hui la date de commencement des faits est impossible à dire avec certitude, mais la fourchette large est de 0 à 12 ans.

-*Comment se composait ta famille à ce moment ? (Membres de la famille, âge)*

J'ai toujours vécu avec mes deux parents donc un père et une mère, ils avaient entre 30 et 40 ans. A mes 3 ans, ma petite sœur est arrivée.

-Quel était la profession de tes parents ?

Mon père est ingénieur technico-commercial itinérant. Un grand mot pour dire qu'il travaille dans l'industrie. Ma mère quant à elle est administratrice des ventes dans une boîte de télécom.

-Qui est l'auteur des faits ? (Profession, âge)

Dès l'âge de mes 2 mois, mes parents ont fait appel à une nourrice pour me garder. Cette dame avait un mari et 4 enfants encore chez elle. Il s'agit de son mari qui devait alors avoir entre 40 et 50 ans. Je sais seulement qu'il travaillait dans l'aéroportuaire, mais d'aussi loin que je puisse me souvenir je l'ai toujours connu en arrêt maladie (quelque chose en rapport avec son dos).

-Quelle relation avais-tu avec l'auteur ?

Je ne saurais dire, j'étais bien trop jeune. Je passais plus de temps avec lui qu'avec mes parents donc on peut dire que lui comme sa femme étaient devenus mes référents, des figures parentales.

-Quelle relation avais-tu avec tes parents ?

On pourrait qualifier la relation de « normale » hormis peut-être un manque d'attention de leur part du fait des voyages récurrents de mon père pour plusieurs jours durant et des horaires prenants de ma mère.

-Quelle relation tes parents avaient avec l'auteur ?

Je ne peux pas parler en leur nom, mais je crois que c'était une relation basée sur la confiance (je crois qu'on ne laisse pas ses enfants sans confiance), mais ça restait professionnel. Un bilan tous les soirs avec eux sur la journée passée, mais les conversations n'allaient pas plus loin. Il n'y a jamais eu de dîners ou d'activités ensemble.

Phase 2 : le ou les premiers passages à l'acte

-*Quelle était la nature du premier passage à l'acte ?*

Comme je l'ai expliqué plus haut, j'étais trop jeune pour savoir quand ça a commencé donc je ne sais pas non plus la nature du premier passage à l'acte, car je n'en ai aucun souvenir.

-*Quelles stratégies l'auteur a-t-il employé pour passer à l'acte la ou les premières fois ?*

Impossible à savoir également.

-*Quel était ton niveau de compréhension de l'acte ?*

Clairement aucun. Je ne crois pas avoir compris que quelque chose n'était pas « normal » jusqu'à très tard (9 ans).

Phase 3 : des abus réguliers jusqu'à leurs révélations

-*Quelle était la fréquence des passages à l'acte ?*

A partir du moment où mes souvenirs commencent, on peut dire que c'est au minimum une fois par semaine. Aujourd'hui encore je n'arrive pas à me souvenir si c'était simplement le mercredi (parce qu'il n'y avait pas école et que j'y étais donc toute la journée) ou si c'était plus récurrent.

-*Y'a-t-il eu une évolution dans les passages à l'acte et leurs natures ?*

Pour moi ça a toujours été la même chose. Je dirais par contre qu'il a gagné en confiance sur les moments de passage à l'acte. Sa femme pouvait être dans la cuisine et nous dans le salon et il ne se privait plus. De même, si je traînais à l'étage avec ses enfants, s'il faisait la sieste il m'attrapait pour aller avec lui.

-Quelles stratégies l'auteur utilisait-il pour renouveler ses passages à l'acte ?

Je pense qu'au moment où je commence à avoir des souvenirs ça fait déjà quelques années que ça dure il n'a donc plus besoin de stratégie. Je me souviens d'ailleurs que ça le faisait rire ou sourire.

-Utilisait-il des stratégies pour s'assurer de ton silence ?

La réponse est la même. Je pense que ça faisait tellement longtemps et que je n'avais jamais rien dit qu'il savait que je ne dirais jamais rien.

-L'auteur avait-il d'autres victimes ?

Après vérification, non aucune. Il y a eu un évènement avec ma petite sœur sans renouvellement.

-Quels ont été les effets sur ton comportement, ta personnalité, ta situation scolaire, tes loisirs, amis, etc.. ?

Aux dires de tous j'étais une enfant calme, sérieuse et très rigoureuse à l'école. Ma situation scolaire était très bonne, j'avais des amis de qui j'étais appréciée. J'allais à la danse une fois par semaine. On peut considérer que j'étais une enfant « normale ».

-Comment a évolué ton niveau de compréhension des faits ?

A 9 ans, une amie m'a racontée son histoire qui était du même ordre, mais avec son frère. Elle pleurait et là j'ai compris que ce n'était pas « normal ».

-Pour quelles raisons n'as-tu pu dénoncer les faits ?

Il y a d'innombrables raisons à ça. Une dénonciation des faits ça veut dire déjà beaucoup de choses dans la tête d'une petite fille. Pour moi en l'occurrence, ça voulait dire briser deux familles, mes deux familles. Je savais que la famille de ma nourrice ne me pardonnerait pas et je savais que ma famille serait anéantie. Je crois aussi que poser des mots sur ce qui se passe c'est le rendre réel alors que tant que je le gardais pour moi, ça restait quelque chose entre la réalité et le rêve (ou le cauchemar plutôt). Il y a aussi le fait que j'ai beaucoup minimisé les actes en eux-mêmes et j'ai toujours cru que le jour prochain ça n'arriverait plus. Il y a vraiment beaucoup de raisons, je sais que si je creuse encore cette question je trouverais encore d'autres raisons qui m'ont empêché de parler, mais celle qui m'a hantée jusqu'au bout de manière constante est vraiment la préservation de mes proches.

-Quelle était à cette période ta relation avec l'auteur ou comment a-t-elle évolué ?

Elle a toujours évolué dans le bon sens. Plus j'ai grandi, plus j'ai fait partie de leur famille comme un membre à part entière. Plus d'une fois, j'ai fait les fêtes de fin d'année chez eux. Après mon entrée au collège, je venais par simple plaisir de les voir (c'était un peu tendre le bâton pour se faire battre, mais j'avais vraiment une reconnaissance extrême pour eux, y compris pour lui). En dehors de ces épisodes, il était toujours à mon écoute, un vrai père en réalité.

-Quelle était à cette période ta relation avec tes parents ou comment a-t-elle évolué ?

Pour le coup, soit elle a évolué et est devenue pire soit c'est toujours resté la même chose. La crise d'adolescence pointe le bout de son nez. Impossible de m'entendre avec eux, toujours en conflit avec mon père. Je suis fâchée contre ma mère pour sa passivité dans les conflits qui m'oppose à mon père. On a clairement un manque de communication et de compréhension, mais on reste une famille unie et on s'aime tous.

-Quelle était à cette période la relation de tes parents avec l'auteur ou comment a-t-elle évolué ?

A partir du moment où ma sœur et moi on a eu l'âge de se garder toute seule (à mes 11 ans), plus aucune relation n'existait entre l'auteur et mes parents sauf s'ils se croisaient en ville pour des politesses, mais c'est tout.

-Quel était le niveau de connaissance de tes parents sur ta situation ?

Alors ça c'est une question que je me pose encore. Le manque de courage et encore une fois la préservation de ma famille fait que je n'ai pas encore posé cette question. Je ne peux encore une fois pas répondre à leur place, mais à la vue des éléments je pense pouvoir dire que mon père pouvait avoir un petit doute. J'ai appris bien plus tard qu'à l'âge de 5 ans ma petite sœur était allée voir mes parents pour leur faire part de gestes de la part de l'auteur qui étaient déplacés et que mes parents avaient donc discuté avec l'auteur de cette affaire.

Phase 4 : la révélation des faits

-Comment les faits ont-ils été révélés ? (Par qui ? Pourquoi ? Etc.)

Durant mes années de collège, je faisais des crises en tout genre, très violentes. Pendant un an j'ai visité tous les hôpitaux pour faire des examens médicaux toujours plus poussés les uns que les autres. A une énième crise, j'ai été hospitalisée pendant quelques semaines. J'ai été placée en unité pour adolescents dans l'aile pédiatrique. Un psychiatre a décidé de me prendre en charge sans coopération de ma part, mais il se trouve que dans cette unité, on vit 24/24 les uns avec les autres. J'ai rencontré nombre de filles qui avaient toutes des histoires cauchemardesques. On se sent à l'aise, on parle. L'une d'entre elles avait la même psychiatre et lui a raconté mon histoire. Je ne saurais dire quand, mais quelques semaines plus tard l'auteur devait déménager dans le sud de la France. Ma psychiatre a attendu leur départ pour me faire savoir qu'elle savait et que, puisque j'étais mineure, elle devait en avertir le Procureur de la République. Je crois que quelques jours plus tard seulement, elle l'annonçait à mes parents dans son bureau en ma présence.

-Quelle a été la réaction de tes parents ?

Sur le moment, ma mère est sortie du bureau, a hurlé. Ma psychiatre est sortie, je ne saurais dire pendant combien de temps. Je n'ai pas revu le visage de ma mère jusqu'à ce que l'entretien avec la psychiatre soit terminé. En revanche, mon père est resté impassible. Nous n'avons pas dit un mot jusqu'à ce qu'on soit rentré.

-***Quelle a été la réaction de l'auteur ?***

Comme expliqué plus haut, ma psychiatre a, pour le coup, bien fait les choses et m'a évité de subir la réaction de l'auteur qui avait alors déménagé aussi, je ne sais pas.

-Pour quelles raisons ceux qui savaient n'ont pas dénoncé les faits ?

Ceux qui savaient n'étaient pas nombreux. S'ils étaient deux durant toutes ces années c'est déjà bien. Ensuite, je savais à qui je le disais. Je l'ai dit une fois quand j'avais à peine 10 ans à une amie du même âge, aussi je savais qu'elle ne dirait rien parce que quand on a cet âge-là, l'amitié de l'autre est la chose la plus importante donc je la menaçais de ne plus être son amie si elle disait quelque chose. La deuxième personne fût bien plus tard et elle a parlé.

-L'auteur a-t-il pu influencer le "non-dénonciateur" ou utiliser des stratégies pour s'assurer de son silence ?

Le « non-dénonciateur » entendu comme les autres qui savaient à part lui et moi la réponse est non, je l'ai fait pour lui. En revanche, s'il s'agit de moi, je crois que la relation paternelle qu'il a créée avec moi, construite sur des années a fait qu'il était plus important pour moi que les actes qu'il posait sur moi et que jamais je n'aurais voulu lui faire de tords.

Phase 5 : après la révélation des faits

-Comment a été traitée l'affaire par la police, la justice ?

Comment dire. J'avais 14 ans et déjà, je ne voulais pas que mes parents se portent partie civile pour moi. Ils n'ont pas respecté mon choix. Je n'ai donc pas été très coopérative. Ensuite je me suis trouvée aspirée par la machine judiciaire. Me voilà à la gendarmerie pour faire une déposition que je ne voulais pas faire. Une femme me pose des questions, elle a eu la gentillesse de faire sortir ces collègues. Elle me force à parler, je finis par lui donner quelques détails qu'elle avait l'air d'attendre et je relis la déposition que j'ai faite. Je la signe. Les gendarmes ont refusé que mon père vienne avec moi, mais il entre à ma suite faire sa déposition et signer la mienne. On en reste là pour un certain temps. Puis vient le jour où vous êtes convoqué je ne sais chez quel juge ou quel professionnel. Ce monsieur vous pose des questions comme un robot dans le genre « vous êtes-vous déjà scarifié » sans aucune préparation hormis un bonjour. Ensuite il faut revenir à la gendarmerie lire la déposition de la partie adverse et là, ce n'est pas une partie de plaisir. La relation qui existait ou que je m'étais imaginée entre eux et moi est reniée. Ils ne me font pas lire la déposition de l'auteur, mais celle de sa femme, ma nourrice. Celle avec qui j'avais sûrement le plus de liens d'ailleurs. C'est limite si elle admet me connaître.

Après des mois d'attente et de répétitions d'une histoire que je ne voulais même pas raconter, ma psychiatre m'annonce qu'il y aura un non-lieu. J'ajoute qu'en même temps mes parents ont été poursuivis pour diffamation par la partie adverse. Très honnêtement, cette procédure judiciaire s'est faite sans moi, j'ai suivi le train de la procédure, mais puisque j'étais mineure, alors mon avis, mes envies, mes besoins n'ont pas été pris en compte.

-Comment a évolué ta relation avec tes parents ?

Ma sœur n'a jamais été mise au courant de cette affaire alors à la maison on faisait comme si de rien n'était. On s'est installé dans un non-dit sur cette histoire. C'est d'ailleurs toujours le cas. Il y a encore des questions sans réponse à l'heure d'aujourd'hui. Il y a de la rancœur, mais aussi beaucoup d'amour.

-Comment a évolué te relation avec l'auteur ?

A partir du moment où l'affaire a été révélée, je n'ai plus jamais eu de contact direct avec l'auteur. Une seule fois, une de ces filles m'a envoyé un message de soutien (aussi bizarre que ça m'est fait) puis plus rien.

-Comment a évolué la relation de tes parents avec l'auteur ?

Il n'y avait plus aucune relation depuis longtemps aussi, on ne peut pas dire que ça ait évolué.

Annexe 2 : Rapport d'entretien avec Mme P.

Mme P. est la présidente et la fondatrice d'une association luttant contre la pédophilie. Elle milite pour la prévention et l'information sur la pédophilie depuis les années 70. Cette association a pour but de prévenir la pédophilie en accueillant et écoutant tout le monde, pédophiles comme victimes. L'un des moyens d'action de cette association, au-delà de l'écoute et du conseil, est l'organisation de rencontres pédophiles/victimes en groupe de parole. L'association est également un relais d'information sur le sujet.

Nous avons pu avoir une discussion téléphonique avec Mme P. qui nous a répondu malgré un emploi du temps surchargé. Elle est ravie de pouvoir aider des étudiants travaillant sur cette problématique et s'arrange pour rester disponible pour eux.

L'entretien s'est déroulé en plusieurs questions/réponses sur différents thèmes. Cependant nous n'avons pas retranscrit l'entretien mot pour mot, mais par prise de notes en restant à l'écoute. Aussi ce rapport d'entretien ne relate pas les dires exacts de Mme P., mais reste fidèle à ses idées et réutilise dans une très majeure partie ses mots et expressions exactes. C'est pourquoi il s'agit d'un rapport d'entretien malgré les nombreuses retranscriptions textuelles. Certains échanges non pertinents ne sont pas reproduits.

<u>Sur la dénonciation d'acte de pédophilie :</u>

Une des principales motivations pour dénoncer les faits est l'argent. Désormais la morale passe après les motivations pécuniaires. La victime peut refuser catégoriquement de porter plainte, mais la famille les pousse pour quasiment extorquer de l'argent à l'auteur des faits. Passer par un procès n'aide pas, la loi pénale n'ayant pas de but thérapeutique. Les familles en sont souvent parfaitement conscientes. D'ailleurs, de l'aide ils n'en demandent pas. Ça a été le cas, par exemple, du procès d'un pauvre type qui n'a pas un sou. Il était certes coupable, mais les faits ont été exagérés par dix lors du procès par la famille de la victime. Ils obtiennent 180 000 € de dommages et intérêts et rigolent ensemble dans la joie à la sortie du procès. A l'inverse, lorsque c'est celui qui rapporte l'argent au foyer qui est mis en cause, la dénonciation est difficile. Pour la même question d'argent, la femme se demande comment elle va réussir à élever ses enfants et s'en sortir si l'homme va en prison. De plus en plus de gens appellent mon association pour des soupçons. Ils ont peur d'une personne trop proche de leurs enfants, avec des comportements ambigus. Ils ne savent pas eux-mêmes situer la limite entre comportements normaux et comportements interdits. Les langues se délient de plus en plus, mais pas forcément bien. Il y a une peur de tous les comportements suspects ou des motivations pécuniaires pour dénoncer.

La religion ne change pas grand-chose. Il n'y a que très peu de différence entre des chrétiens et des musulmans. En revanche la culture à une importance, notamment la culture des tabous que favorise énormément la religion musulmane.

Sur la victime :

C'est faux de dire qu'un enfant n'est pas consentant. Ils ne sont pas éclairés, avisés, matures, mais ils sont consentants. Simplement ils ne savent pas à quoi. C'est à l'adulte de poser l'interdit, ce qui fait que, quand il ne le fait pas, il est un délinquant, un criminel. La victime peut jouer un rôle ignoble dans le procès. Il y avait eu le projet de loi par Rachida Dati, qui était garde des sceaux sous Sarkozy, pour que la libération d'un pédophile soit conditionnée à l'accord de la victime. Ce projet de loi n'a pas été voté, cependant il trouve application en France, notamment dans le nord. Ainsi des personnes qui pourraient être libres, et qui ne sont pas dangereuses, restent enfermées, car la victime ne consent pas à leur libération.

Sur la relation auteur/victime :

Il y a souvent une inversion des rôles. La victime devient auteur par reproduction de son passé de victime. C'est du moins la thèse la plus souvent avancée qui se trouve ne pas être totalement vraie. L'auteur reproduit un impact psychosexuel qui peut être dû à de simples jeux entre enfants ou des visionnages de pédopornographie. Il n'y a pas forcément eu un abus dans l'enfance.

Sur la relation victime/tiers :

La victime peut se taire, car elle a peur qu'il y ait complicité entre l'auteur et le proche. Elle a aussi honte d'elle, peur de ne pas être crue, peur d'être stigmatisée alors qu'elle a justement un besoin de reconnaissance. Il y a toujours des suspicions à l'égard des victimes. Et tout ceci est également vrai pour le tiers, la famille surtout. Victimes et proches partagent souvent ces mêmes sentiments.

Sur la relation tiers/auteur :

Quand il n'y a pas de dénonciation, il peut arriver, mais c'est très rare, que cela soit en vertu d'une seconde chance qui est accordée par le tiers par pitié. Il faut en effet aussi éviter de traumatiser un enfant avec un procès pénal. Pour que le pédophile influence réellement les proches de la victime tout en sachant ce qu'il se passe il faut que ça soit des fous comme à Outreau. Dans beaucoup de cas quand les proches sont mis au courant ils vont dénoncer. Le pédophile séduit souvent les parents, mais les parents ne sont pas au courant de ce qu'il se passe. Au contraire, quand ils l'apprennent ils sont d'autant plus en colère puisqu'ils faisaient confiance à l'auteur. Il arrive qu'il y ait une séduction préméditée des parents afin de se mettre plus facilement l'enfant à disposition. Mais parfois la séduction des parents n'est pas préméditée. C'est par exemple le cas d'une personne qui tombe amoureuse d'une femme, entame une relation avec elle, après quoi cette personne découvre que la femme a un enfant et s'en prendra à lui par la suite.

Sur la limite entre silence délictueux et non délictueux :

Tous les cas sont trop différents pour situer une limite entre complicité par le silence et victimisation.

Table des matières

2ème PARTIE
Le rôle du pédophile dans le silence du tiers suscitant une remise en question du dispositif juridique concerné

Questions juridiques

aux éditions L'Harmattan

Dernières parutions

EXISTE-T-IL ENCORE UN SEUL « NON BIS IN IDEM » AUJOURD'HUI ?
Sous la direction de Delphine Brach-Thiel
«Nul ne doit pouvoir être jugé et condamné deux fois à raison des mêmes faits.» Si le principe est simple, c'est précisément son interprétation par de très nombreuses juridictions - pas toujours à l'unisson - qui pose question et explique le retour de ces interrogations sur le devant de la scène aujourd'hui. L'analyse ici présentée se veut riche et féconde de la rencontre entre universitaires belges et français, entre praticiens et chercheurs, entre européanistes, internationalistes ou pénalistes.
(Coll. Comité international des pénalistes francophones, 23.50 euros, 230 p.)
ISBN : 978-2-343-11828-4, ISBN EBOOK : 978-2-14-004143-3

ESSAI SUR LA NOTION D'EXÉCUTION CONTRACTUELLE
Alvarez Isabelle
L'exécution contractuelle constitue la cause impulsive de l'établissement du contrat qui, paradoxalement, est un mécanisme trop familier pour être bien connu. Adopter une méthode d'analyse alternative permet d'esquisser une définition de cette notion juridique. Est ici proposée une approche dynamique des échanges contractualisés, orientés vers la réalisation satisfactoire de l'opération économique, démontrant que cette phase exécutoire recèle un panel étendu de perspectives. (Étude à jour de l'ordonnance n° 2016-131 du 10 février 2016 portant réforme du droit des contrats, du régime général et de la preuve des obligations).
(Coll. Logiques Juridiques, 45.00 euros, 486 p.)
ISBN : 978-2-343-12604-3, ISBN EBOOK : 978-2-14-004271-3

LES ACCORDS COLLECTIFS DE GROUPE
Théodoropoulos Alexandra - Préface de Gérard Vachet
De simple expérimentation issue de la pratique, la négociation collective de groupe est devenue un véritable niveau de négociation collective reconnue par le législateur. L'accord de groupe est désormais consacré comme une norme créatrice de droits et d'obligations entre employeurs et salariés du groupe, mais sa place dans la hiérarchie des normes n'a pas été précisée. Cette situation génère de nombreuses interrogations quant à sa portée et à ses limites.
(Coll. Logiques Juridiques, 44.00 euros, 440 p.)
ISBN : 978-2-343-12269-4, ISBN EBOOK : 978-2-14-004330-7

LA SIMPLIFICATION DU DROIT DES SOCIÉTÉS À L'AUNE DU CAS HONGKONGAIS
L'exemple des SARL et SAS
Tortellier Nathalie - Préface de Mme le professeur Catherine Barreau
Cette étude comparative puise dans les règles et mécanismes de la société fermée à risque limité hongkongaise des techniques pouvant fortement contribuer à l'assouplissement et à la simplification du droit des sociétés. L'analyse décortique la vie des SARL et SAS et propose l'application de la méthodologie pragmatique du droit hongkongais par thèmes dans un souci d'adaptabilité du droit français. Il ressort de cette analyse comparative 80 recommandations inspirées de la société hongkongaise pour développer une société outil au service de l'entreprise, une société adaptée et adaptable aux acteurs économiques contemporains.
(Coll. Logiques Juridiques, 49.00 euros, 638 p.)
ISBN : 978-2-343-11885-7, ISBN EBOOK : 978-2-14-004220-1

LE DROIT DE L'INFORMATIQUE
4e édition (2017)
Bismuth Yves
À travers l'étude des grands thèmes du droit de l'informatique (protection des logiciels et des données, contrats informatiques, protection des libertés, gestion du risque informatique), cet ouvrage permet au lecteur d'établir lui-même un diagnostic juridique des problèmes rencontrés à l'occasion de la mise en place d'un système informatique. Il est complété par des extraits de code, une bibliographie, un index et un lexique, et est à jour des dernières lois et décrets intervenus en la matière.
(38.00 euros, 436 p.)
ISBN : 978-2-343-11527-6, ISBN EBOOK : 978-2-14-004177-8

MÉTHODE ET ASPECTS FORMELS DE LA RECHERCHE
Petit manuel à l'usage des juristes (2e édition)
Marain Gaëtan
L'ouvrage propose un apprentissage de la recherche et de son formalisme qui doit permettre aux étudiants confrontés à la rédaction d'une thèse ou d'un mémoire en droit d'aborder ce travail avec sérénité. L'auteur donne ainsi une méthode pour définir le sujet, échafauder un plan et trouver la documentation utile. Est également abordée, entre autres, la question du référencement des sources et de la citation d'auteur. Des recommandations propres à l'organisation de la soutenance et à son bon déroulement sont prodiguées. Voici un guide à même d'éclairer les premiers pas du jeune chercheur en droit.
(15.50 euros, 138 p.)
ISBN : 978-2-343-12682-1, ISBN EBOOK : 978-2-14-004300-0

LA PROCÉDURE DE LIBÉRATION CONDITIONNELLE COMME OUTIL DE GESTION DU RISQUE
Ben Gadi Amélie - Préface de Joana Falxa
La procédure d'octroi de la libération conditionnelle des longues peines témoigne d'une sévérité accrue à leur égard. En imposant une évaluation de dangerosité, le législateur a souhaité «verrouiller» la procédure. Cependant, la notion de

dangerosité est très complexe à définir et ne fait l'objet d'aucune définition légale. Elle introduit la notion de gestion du risque, ouvrant le chemin vers une justice de précaution. La présente étude éclaire la problématique de la réinsertion des longues peines.
(Coll. Bibliothèques de droit, 15.00 euros, 132 p.)
ISBN : 978-2-343-11550-4, ISBN EBOOK : 978-2-14-004296-6

LETTRE À TOUS CEUX QUI PERSISTENT À VOULOIR FAIRE LEUR DROIT
Charles Thierry
Le droit court derrière la «révolution numérique». Les algorithmes nous espionnent et restreignent les libertés publiques, ils calculent les indemnités au service des compagnies d'assurances. La diminution lente et continue des services chargés de veiller à l'application du droit affaiblit et parfois anéantit l'efficacité de ces lois. L'échec de la loi Hadopi est significatif à cet égard. Le mal est en fait bien plus profond et ne date pas d'hier. Nous vivons une époque de démolition des codes établis. Si le droit est partout, en définitive il n'est nulle part...
(20.50 euros, 204 p.)
ISBN : 978-2-343-12343-1, ISBN EBOOK : 978-2-14-004306-2

FÊTE ET DROIT PUBLIC
Sous la direction d'Adrien Azarete, Elie Guerrero et Thomas Moretto
S'inscrivant dans une approche globale et élargi à tout le droit public, le présent ouvrage, issu du colloque « Fête du Droit Public », a pour objet l'étude de l'application du droit public dans la fête par les différents acteurs de cette branche du droit. De l'autorisation de la fête à sa responsabilité, en passant par son organisation, son coût et sa sécurité, le droit public est présent partout, de par l'évidente présence et implication de la puissance publique et des collectivités territoriales.
(Coll. Bibliothèques de droit, 20.00 euros, 192 p.)
ISBN : 978-2-343-11018-9, ISBN EBOOK : 978-2-14-003946-1

LA DÉMOCRATIE EN DROIT INTERNATIONAL
Étude critique sur le statut juridique de la démocratie en droit international et la légitimité de l'imposer par la force
Alshiabani Abuhamoud
En droit international, la démocratie était jusqu'à très récemment absente. Malgré les appels lancés au début du 20e siècle, celui-ci a toujours considéré la démocratie comme une idéologie dans laquelle il ne doit pas s'impliquer. Après la fin de la Guerre froide et la victoire de la démocratie libérale, la démocratie s'est renforcée au plan international. Elle a exercé une pression considérable sur le droit international pour qu'il s'adapte aux nouvelles exigences des réalités politiques. Cet ouvrage traite de ce sujet et montre le contexte dans lequel se sont développés la démocratie et le concept d'ingérence démocratique.
(Coll. Logiques Juridiques, 39.00 euros, 408 p.)
ISBN : 978-2-343-10818-6, ISBN EBOOK : 978-2-14-003833-4

LES PRINCIPES GÉNÉRAUX DANS LA JURISPRUDENCE DE L'ORGANE DE RÈGLEMENT DES DIFFÉRENDS DE L'OMC
Aydi Ghozzi Mariem - Préface de Slim Laghmani
Représentant la justice marchande, le Système de règlement des différends de l'organisation Mondiale du Commerce (OMC) est censé rendre une meilleure justice. Bien qu'il ne constitue pas une véritable juridiction, il chemine sur les traces du juge international dans la détermination et la régulation du sens du droit de cette organisation, les principes généraux devraient en constituer des instruments de moralisation et de développement. Cependant, la méthode par laquelle l'organe de règlement des différends appréhende lesdits principes mérite une attention particulière.
(Coll. Droit aujourd'hui, 37.50 euros, 368 p.)
ISBN : 978-2-343-12079-9, ISBN EBOOK : 978-2-14-004047-4

LA RESPONSABILITÉ DES ENTREPRISES MULTINATIONALES POUR LES VIOLATIONS DES DROITS DE L'HOMME EN AFRIQUE
Opportunités et défis
Belporo Christelle
La question de la responsabilité des entreprises multinationales pour les violations des droits de l'homme est d'une actualité brûlante. Alors qu'à travers le monde les scandales se multiplient, sur le continent africain, des voix s'élèvent pour dénoncer les nombreuses violations des droits internationalement protégés. Cet ouvrage évalue les réponses offertes par le droit pour l'encadrement de la responsabilité juridique des entreprises multinationales à l'aune des instruments internationaux et africains.
(Coll. Études africaines, 20.50 euros, 200 p.)
ISBN : 978-2-343-11365-4, ISBN EBOOK : 978-2-14-004005-4

CONCEPTS ET PRATIQUES PROFESSIONNELLES EN DOUANES
Origines, procédures, régimes et valeur
Bouga Boukari Dan
Ce livre explique d'abord les concepts, c'est-à-dire le vocabulaire douanier de façon à ne saisir que l'essentiel. Il expose ensuite les exigences des pratiques douanières pour tous les scénarios du commerce international. II procède enfin à des illustrations pour une meilleure compréhension des droits et obligations des opérateurs en douane.
(Harmattan Côte-d'Ivoire, 20.00 euros, 184 p.)
ISBN : 978-2-343-11805-5, ISBN EBOOK : 978-2-14-004075-7

L'HARMATTAN ITALIA
Via Degli Artisti 15; 10124 Torino
harmattan.italia@gmail.com

L'HARMATTAN HONGRIE
Könyvesbolt ; Kossuth L. u. 14-16
1053 Budapest

L'HARMATTAN KINSHASA
185, avenue Nyangwe
Commune de Lingwala
Kinshasa, R.D. Congo
(00243) 998697603 ou (00243) 999229662

L'HARMATTAN CONGO
67, av. E. P. Lumumba
Bât. – Congo Pharmacie (Bib. Nat.)
BP2874 Brazzaville
harmattan.congo@yahoo.fr

L'HARMATTAN GUINÉE
Almamya Rue KA 028, en face
du restaurant Le Cèdre
OKB agency BP 3470 Conakry
(00224) 657 20 85 08 / 664 28 91 96
harmattanguinee@yahoo.fr

L'HARMATTAN MALI
Rue 73, Porte 536, Niamakoro,
Cité Unicef, Bamako
Tél. 00 (223) 20205724 / +(223) 76378082
poudiougopaul@yahoo.fr
pp.harmattan@gmail.com

L'HARMATTAN CAMEROUN
TSINGA/FECAFOOT
BP 11486 Yaoundé
699198028/675441949
harmattancam@yahoo.com

L'HARMATTAN CÔTE D'IVOIRE
Résidence Karl / cité des arts
Abidjan-Cocody 03 BP 1588 Abidjan 03
(00225) 05 77 87 31
etien_nda@yahoo.fr

L'HARMATTAN BURKINA
Penou Achille Some
Ouagadougou
(+226) 70 26 88 27

L'HARMATTAN SÉNÉGAL
10 VDN en face Mermoz, après le pont de Fann
BP 45034 Dakar Fann
33 825 98 58 / 33 860 9858
senharmattan@gmail.com / senlibraire@gmail.com
www.harmattansenegal.com

www.ingramcontent.com/pod-product-compliance
Lightning Source LLC
LaVergne TN
LVHW010954061026
849535LV00006B/1715

9782343141831